Was fehlt, wenn Gott fehlt?

reformierte
kirche kanton zürich

T V Z
Theologischer Verlag Zürich

Friederike Osthof (Hg.)

Was fehlt, wenn Gott fehlt?

Biografische Erkundungen, Spoken Word, Essays, Gedichte, Dialoge

Heidi Berner
Hedy Betschart
Nicole Boller
Ruedi Fink
Hans Ulrich Hauenstein
Samuel Clemens Hertzhaft
Eduard Kaeser
Iris Macke
Georg Pfleiderer
Andreas Schertenleib

reformierte
kirche kanton zürich

TVZ
Theologischer Verlag Zürich

Der Theologische Verlag Zürich wird vom Bundesamt für Kultur mit einem
Strukturbeitrag für die Jahre 2019–2020 unterstützt.

Bibliografische Information der Deutschen Nationalbibliothek
Die Deutsche Nationalbibliothek verzeichnet diese Publikation in der Deutschen
Nationalbibliografie; detaillierte bibliografische Daten sind im Internet über
http://dnb.dnb.de abrufbar.

Umschlaggestaltung
Mario Moths, Marl
Unter Verwendung einer Illustration von Moritz Bauer

Satz und Layout
Mario Moths, Marl

Druck
ROSCH-BUCH, Scheßlitz

ISBN 978-3-290-18247-2 (Print)
ISBN 978-3-290-18248-9 (E-Book: PDF)

© 2019 Theologischer Verlag Zürich
Alle Rechte, auch die des auszugsweisen Nachdrucks, der fotografischen und audiovisuellen Wiedergabe, der elektronischen Erfassung sowie der Übersetzung, bleiben
vorbehalten.

INHALT

THOMAS PLAZ-LUTZ
Vorwort — 7

FRIEDERIKE OSTHOF
Zur Einführung — 9

RUEDI FINK
Der kleine Gott — 17

HEIDI BERNER
Creux du Van *Eine Spurensuche* — 43

ANDREAS SCHERTENLEIB
I am ready my Lord — 69

EDUARD KAESER
Gott suchen unter leerem Himmel — 79

GEORG PFLEIDERER
Welchen Sinn hat es, im Sinne
Karl Barths von Gott zu reden? — 99

IRIS MACKE
Perspektivwechsel — 109

HEDY BETSCHART
Ein Stück Brot — 111

NICOLE BOLLER
Alltagsmenu — 117

HANS ULRICH HAUENSTEIN
Ein Gespräch unter Geschwistern — 119

SAMUEL CLEMENS HERTZHAFT
Was bleibt, wenn Gott fehlt — 129

Autorinnen und Autoren — 159

Vorwort
Thomas Plaz-Lutz

Was fehlt, wenn Gott fehlt? Die Preisfrage, welche die Evangelisch-reformierte Landeskirche des Kantons Zürich im Rahmen des Reformationsgedenkens 2018 ausgeschrieben hat, bezieht sich zum einen auf biblische Motive. «Wo ist dein Gott?!» wird etwa ein Psalmbeter gefragt, oder der Fehlende wird gleich direkt angesprochen: «Mein Gott, mein Gott, warum hast du mich verlassen?»

Zum andern nimmt die Fragestellung aber auch eine spezifische Gestimmtheit vieler Zeitgenossinnen und -genossen auf. Gerade in einem durchgetakteten Leben in einer vermessenen Welt bleibt untergründig eine eigentümliche, wenn auch manchmal unbewusste Lücke offen.

Diese Lücke mit einer Rückwendung zu alten Gewissheiten, etwa dem Glauben der Vorfahren oder der eigenen Kindheit zu schliessen, ist für viele kein gangbarer Weg.

Wer es aber unternimmt, nicht bloss eine diffuse Vakanz auszuhalten, sondern den Spuren dieses Fehlens zu folgen, der oder die entdeckt ungeahnte Zwischentöne.

Die Texte, welche die Jury für dieses Buch zusammengestellt hat, geben dem Fehlen Gottes und des Göttlichen in vielfältiger Art und Weise eine Stimme. Sie gestalten es literarisch, erzählen davon in autobiografischen Schlüsselszenen, suchen nach seinen Fährten an den Rändern der erforschten Natur und Welt, erproben einen ideengeschichtlichen Selbstverständigungsversuch oder eine spezifisch theologische Einordnung.

Vorwort

Wir danken den 362 Teilnehmerinnen und Teilnehmern für ihre bunten, couragierten Beiträge.

Den Preisträgern gratulieren wir von Herzen und hoffen, dass ihre drei und die weiteren in diesem Büchlein abgedruckten Texte Sie als Leserin, als Leser zu unentwegtem eigenen Nach- und Weiterdenken anregen.

Aufzuspüren ist da wohl noch manches. Denn, wie es ein Philosoph einmal an einen jungen Studenten schrieb: «Der Fehl Gottes und des Göttlichen ist Abwesenheit. Allein Abwesenheit ist nicht nichts, sondern sie ist die gerade erst anzuzeigende Anwesenheit der verborgenen Fülle des Gewesenen.»[1]

Wir wünschen Ihnen muntere, lebenszugewandte Entdeckungen auf den Spuren dieser verborgenen Fülle.

Für den Kirchenrat: Thomas Plaz-Lutz

---

[1] Martin Heidegger, Nachwort zu «Das Ding» in: Gesamtausgabe Bd. 7; Frankfurt am Main 2000, S. 185.

Zur Einführung

Friederike Osthof

Die Evangelisch-reformierte Landeskirche des Kantons Zürich hat im April 2018 und im Rahmen des Reformationsjubiläums eine Preisfrage ausgeschrieben: Was fehlt, wenn Gott fehlt?

Dass mit der Preisfrage beim Fehlen Gottes angesetzt wurde, hat mehrere Gründe.

Zum einen ist Gott in einer säkularen, vom wissenschaftlichen Denken bestimmten Gesellschaft per se abwesend. Im öffentlichen Diskurs taucht Gott nicht als Begründungsinstanz auf. Insofern gilt die Abwesenheit Gottes als Signatur unserer Zeit.

Sie wird aber andererseits nicht einfach hingenommen, sondern von vielen als Fehlen Gottes empfunden. Dass aus diesem Mangel eine Suchbewegung entstehen kann, die diesen Mangel erkundet und zu beheben versucht, erschien uns verheissungsvoll.

Diese Suchbewegung kann sich zudem in eine lange theologische Tradition einreihen, in der die Anwesenheit Gottes als «Abwesender» vielfältig bedacht wurde.

Und nicht zuletzt können alle diejenigen, denen Gott nicht fehlt, weil er ihnen nahe ist, darüber schreiben, was ihnen ohne Gott alles fehlen würde.

Diese vielfältigen Anknüpfungsmöglichkeiten an die Preisfrage stehen für unsere Zeit, in der Gott abwesend, anwesend oder abwesend anwesend ist. In der Menschen sich Gott gegenüber fragend, suchend, gleichgültig, ablehnend oder bejahend verhalten. In der sie getrieben sind von Sehnsucht,

Zur Einführung

Irritation und Zweifel und beschäftigt mit den existentiellen Grundfragen des Lebens: Wo kommen wir her? Wo gehen wir hin? Was macht uns aus? Worin liegt der Sinn unseres Lebens?

Der christliche Glaube wollte von Anfang an wissen, was er genau verkündet, besingt, erbittet und glaubt. Mit viel Herzblut, philosophischem Instrumentarium und in sehr weltlichen Auseinandersetzungen wurde um die Wahrheit des Glaubens gerungen. Kaum war eine Frage entschieden, tauchte die nächste am Horizont auf. Überblickt man die Such- und Erneuerungsbewegungen in der Geschichte des christlichen Glaubens, wird schnell klar, dass die Wahrheit des Glaubens für jede Zeit neu formuliert werden muss.

Genau das haben die Reformatoren vor 500 Jahren für ihre Zeit unternommen. Nach 500 Jahren ist die Risikobereitschaft, die sie damals auszeichnete, aus dem Blick geraten. Die Reformatoren hatten zunächst einmal nur sich, ihre Überzeugung und die Bibel. Das, was sie sagten und schrieben, war weder anderweitig verbürgt noch institutionell abgesichert. Weil sie mit ihren Erkenntnissen bei verschiedenen gesellschaftlichen Gruppen auf offene Ohren gestossen sind und einen Nerv der Zeit getroffen haben, wissen wir heute noch davon.

Darum wollten wir beim Reformationsjubiläum nicht nur die damaligen Erkenntnisse feiern, sondern uns die Reformatoren als Vorbild nehmen. Mit der Preisfrage haben wir darum Personen gesucht, die – mutig und radikal wie die Reformatoren vor 500 Jahren – Gott auf der Spur bleiben und für ihn überraschende Bilder und eine vielfältige Sprache finden.

Damit sich alle auf die ihnen gemässe Art ausdrücken können, wurde die Textsorte freigegeben: Ob Essay, Szene,

FRIEDERIKE OSTHOF

Songtext, Rap, Story, Slogan, Gedicht oder grosse Kolumne – alle Textsorten waren willkommen.

Bis zum Einsendeschluss am 1. Januar 2019 sind insgesamt 362 Beiträge eingegangen. Das grosse Interesse und die rege Beteiligung haben uns überrascht und gefreut. Das Engagement und die Ernsthaftigkeit, die uns aus vielen Texten entgegenkam, haben uns berührt. Und wir haben gestaunt, auf welch vielfältige Weise man sich dem Thema Gott nähern kann: glaubend, fragend, das eigene Leben oder die eigenen Haltung reflektierend, philosophisch, theologisch, in Auseinandersetzung mit dem modernen Weltbild, dem naturwissenschaftlichen Denken, gesellschaftlichen Fragen oder in literarischer Form.

Diese Texte sind ein grosses Geschenk an die Kirche, weil sie daraus lernen kann, wie Menschen heute über Gott denken, woran sie glauben und woran sie nicht glauben, was sie beschäftigt und worauf sie aus sind, was sie erfreut, wonach sie suchen und was sie vermissen.

Die Mitglieder der interdisziplinär besetzten Jury waren: Eva Fischlin, Germanistin, Kulturvermittlerin; Sieglinde Geisel, Kulturjournalistin, Literaturkritikerin; Dr. Andreas Kessler, Theologe, (Preacher-) Slampoet, Dozent PH Bern; Thomas Plaz-Lutz, Pfarrer, Kirchenrat der Reformierten Kirche Kanton Zürich; Franziska Schläpfer alias Big Zis, Musikerin, Rapperin.

Die Jury hat Ende März über die Preisträgerinnen und Preisträger sowie über sieben weitere Texte entschieden, die Eingang in diese Publikation fanden.

Mit dem ersten Preis wurde der *Der kleine Gott* von Ruedi Fink ausgezeichnet.

Zur Einführung

Die Begründung der Jury lautet:
Der kleine Gott von Ruedi Fink sind reflektierte Einsichten in den eigenen Glaubensweg. Der Verfasser verortet den zurückgelegten Weg prägnanten Orientierungs- und Wendepunkten entlang. Dabei lässt er uns teilhaben an seiner Lektüre etwa von Kafka, Benjamin oder Merleau-Ponty. Auf diesem Weg wird der grosse Gott so verabschiedet, dass Platz bleibt für etwas anderes, ein «Irgendwie». Diesen spezifischen Nachlass auszuloten, gelingt dem Verfasser auf eine konzentrierte, dabei aber unaufdringliche Art und Weise, so dass man den Text *Der kleine Gott* gern als Gegenüber für Erkundungen des eigenen Glaubenswegs zur Hand nimmt.

Mit dem zweiten Preis wurde *Creux du Van* von Heidi Berner ausgezeichnet.

Die Begründung der Jury lautet:
Heidi Berners Text *Creux du Van* folgt seinen eigenen Gesetzen, deshalb passt er in keine Schublade. «Eine Spurensuche» nennt die Autorin den Text im Untertitel. *Creux du Van* besticht durch seine Ehrlichkeit und durch ein Bewusstsein für die Form: In den lyrisch anmutenden Kapiteln werden Gedanken systematisch erprobt und entwickelt. Mit dem zweiten Preis des Wettbewerbs honoriert die Jury auch das Risiko, das die Autorin mit diesem Text eingeht. Einerseits lotet sie in ihrem suchenden Schreiben das Terrain zwischen Naturwissenschaft und Glauben aus, andererseits erzählt sie von ihrer eigenen Glaubenserfahrung, von ihrer Sehnsucht und ihren Zweifeln.

Mit dem dritten Preis wurde *I am ready my Lord* von Andreas Schertenleib ausgezeichnet.

Die Begründung der Jury lautet:

Mit dem dritten Preis wird der auf Berndeutsch geschriebene Spoken Word-Text *I am ready my Lord* von Andreas Schertenleib ausgezeichnet. Zwei Lieder von Leonard Cohen haben den Autor dazu inspiriert, die Preisfrage mit dem Schicksal von Willi zu verbinden, einem an Demenz erkrankten Lehrer. Eindringlich, offen und heiter wird die Frage nach einem Adressaten unserer Lebensvollzüge und damit auch einer grundsätzlichen Dankbarkeit gestellt. Dies überzeugte die Jury ebenso wie der unverwechselbare Sound, der Willis Geschichte zum Klingen bringt.

Die weiteren Texte wurden von der Jury aufgrund ihrer Qualität ausgewählt. Und auch, weil sie die Vielfalt der eingereichten Texte widerspiegeln.

Gott suchen unter leerem Himmel von Eduard Kaeser untersucht in Auseinandersetzung mit naturwissenschaftlichem und philosophischem Denken die aktuelle Möglichkeit religiöser Rede.

Welchen Sinn hat es, im Sinne Karl Barths von Gott zu reden? von Georg Pfleiderer lässt Gott nur finden, wenn die Welt zur Welt und der Glaube von der Religion befreit wird.

Perspektivwechsel von Iris Macke vollzieht an seinen Lesern, worüber er spricht.

Ein Stück Brot von Hedy Betschart lässt frühere Zeiten aufscheinen und damit die Frage, wie dieses Erbe lebendig bleiben kann.

Alltagsmenu von Nicole Boller findet im Alltäglichen das Treffende.

Ein Gespräch unter Geschwistern von Hansueli Hauenstein sucht den abwesenden Gott im Spiegel des Vaters, der fehlt.

Was bleibt, wenn Gott fehlt von Samuel Clemens Hertzhaft entspinnt einen Dialog zwischen F und M, in dem verschiedene Möglichkeiten der Rede von Gott wie der Gotteserkenntnis durchgespielt und auf ihre Tragfähigkeit getestet werden.

Als editorische Notiz sei angefügt, dass in diesen persönlich grundierten Texten – in denen Gedanken und Sprache in einem intimen Verhältnis zueinander stehen – auf sprachliche Eingriffe und editorische Vereinheitlichung weitgehend verzichtet wurde.

Wir gratulieren den Preisträgern und der Preisträgerin.

Wir danken allen Teilnehmerinnen und Teilnehmern für ihre Texte.

Wir danken der Jury für ihre sorgfältige, engagierte, effiziente und schwungvolle Arbeit.

Wir wünschen allen Leserinnen und Lesern eine anregende und beflügelnde Lektüre.

Wir wünschen der Kirche viele Menschen, die bei der Neuformulierung dessen mitwirken, was im Horizont des christlichen Glaubens und in der heutigen Zeit gesucht, erwogen und geglaubt werden kann.

RUEDI FINK

Der kleine Gott

Der kleine Gott
Ruedi Fink

Der Glaube an den grossen Gott der Christenheit verschwand früh aus meinem Leben. Nachher glaubte ich an anderes. Das ging damals vielen Leuten so. Eigentlich grundlos, wie Fernando Pessoa[1] einmal maliziös anmerkt. Vom alten Glauben blieb allerdings einiges zurück. Sozusagen die Hinterlassenschaft des grossen Gottes. Er selber fehlt mir nicht. Für einen kleinen Gott dagegen hätte es Platz in meinem Leben. Ohne ihn komme ich mit dem verlassenen Himmel, seinen neuen Gesetzen und Wächtern schlecht zurecht.

Dass ich solche Betrachtungen anstellen darf, ist nicht zuletzt eine Folge der Reformation vor 500 Jahren. Sie hat die Menschen (mit Ausnahme des Klerus) grösser gemacht, Gott allerdings nicht kleiner. Das hat dazu ermutigt, es mit ihm aufzunehmen und das eigene Heil sowie jenes der ganzen Menschheit selber an die Hand zu nehmen. Mir scheint, das sei etwas aus dem Ruder gelaufen. Vielleicht braucht es eine neue Reformation. Einen kleineren Gott. Viel kleiner.

Was fehlt, wenn Gott fehlt, ist nicht für alle gleich, und wie man damit über die Runden kommt auch nicht. Deshalb sind meine Betrachtungen eher biografischer Natur, das heisst: nicht theologisch sondern eher «theografisch». Aufgeräumte Gotteserfahrung gewissermassen. Was fehlt, wenn Gott fehlt, hängt ebenfalls davon ab, wo und wann man unterwegs ist.

Grosser Gott, wir loben Dich!
Mitte des letzten Jahrhunderts waren in der Innerschweiz an Sonntagen die Kirchen voll, und wo es neue Arbeitsplätze gab, mussten für die Zugezogenen und die vielen Kinder, die nach dem Krieg auf die Welt gekommen waren, neue Kirchen gebaut werden. Ich war eines dieser Kinder und wuchs neben einer neuen Kirche auf. Dort habe ich den grossen Gott kennengelernt. Er hing in Bronze gegossen riesig und tonnenschwer am Kreuz über dem Altar, vor dem ich als Ministrant auf den Treppenstufen kniete und stets befürchten musste, er könnte sich von der Wand lösen und den Pfarrer und mich zermalmen. Ausserhalb der Kirche hing Gott wegen der Sünden recht gewichtig über mir und an der Vortragsübung in der Musikschule spielte ich auf der Geige «Grosser Gott, wir loben Dich». Ein rechter Kontakt mit ihm kam trotzdem nicht zustande. Dafür hatte ich beim Einschlafen manchmal Besuch von einem freundlichen, leuchtend schönen Knaben, der in meiner Vorstellung auftauchte. Er war etwas älter als ich. Ihm konnte ich alles erzählen, und hatte ich Kummer, nahm er ihn mir. Jahrzehnte später las ich bei Adolf Holl[2], dass in den Katakomben Roms nicht das Kruzifix, sondern ein kleiner Gott in Form einer Hirtenfigur im Jünglingsalter verehrt wurde. Der hätte mir und den anderen Kindern in der Schulmesse bestimmt gefallen.

Der kleine Gott der Urchristen, der sich offenbar noch eine Zeit lang unter ihnen aufgehalten hatte, musste schnell erwachsen werden und verschwand bald im Himmel. Die Kirchenväter ersetzten ihn in den ersten Jahrhunderten unserer Zeitrechnung durch etwas Grösseres: eine dreifaltige, allmächtige, allwissende, gütige und ewige Gottheit in grösster Herrlichkeit. Damit übertrafen sie die Götter der Antike deutlich. Bei den Nonnen und Mönchen der frühen Ordensgemeinschaften und in der Ostkirche dauerte die Kindheit Gottes etwas länger an.

Wer an den grossen Gott glaubt, nimmt viel auf sich. Vielleicht zu viel: Verborgenheit, Männerherrschaft, Fragen um die Dreifaltigkeit (Vaterschaft, fehlende Mutter, Taube usw.) und unerfüllte Verheissungen. Theorie und Praxis passen nicht zusammen. Zumindest für den Laien. Zwischen dem, was der grosse Gott ist (Ontologie), und dem, was er auf der Erde und anderswo bewirkt, seiner Praxis also, gibt es einen Riss. Vielleicht ist der Glauben durch diesen Spalt entwichen.

Jedenfalls wurden gegen Ende meiner Jugendzeit die Gottesdienste kürzer. Man war froh darüber und besuchte die Messe schon am Samstagabend. Glaube und Hoffnung verlagerten sich nun auch in der katholischen Innerschweiz mehr auf die Verheissungen des Fortschritts, auf Wirtschaft, Technik und Wohlfahrt. Der grosse Gott behielt zwar seinen Platz in der Präambel der Verfassung, in Eidesformeln und in der Landeshymne. Ansonsten kamen auch Staat und Gemeinwesen nun ohne ihn aus. Es war problemlos geworden, nicht mehr an ihn zu glauben.

Ein Gott namens Ökonomie

Wegen der Hochkonjunktur blieb den Erwachsenen trotz des Verschwindens des grossen Gottes kaum Ruhe, um durchzuatmen. Uns Nachkriegs-Jugendlichen dagegen schon. Man wurde halbstark und/oder las Nietzsche, Beckett,

Ionesco und Sartre, zog Baskenmützen an, rauchte Gauloises und sah im Leben ein absurdes Theater. Das war für mich vorerst ein Intermezzo, denn bald trug ich wieder einen Sonntagsanzug. Nicht für den Kirchgang, sondern fürs Büro. Ich landete in der Buchhaltung und befasste mich mit Zahlen. Nur auf den ersten Blick eine rein weltliche Angelegenheit.

Die Ökonomie war schon für den grossen Gott eine wichtige Sache gewesen und ersetzte ihn wohl deshalb derart mühelos. Paulus und die Kirchenväter bezeichneten mit dem Wort ‹oikonomia› (gr. Hauswirtschaft) sowohl die geheimisvolle Organisation im Inneren des Hauses Gottes als auch Gottes Wirken nach aussen. Giorgio Agamben[3] hat erforscht, wie aus dem Geheimnis der Ökonomie Gottes der Kirchenväter ein Gott und Weltenlenker namens Ökonomie werden konnte.

Aus meiner Sicht ist es die doppelte Buchhaltung. Sie löst das Theorie-Praxis-Problem, indem sie alles zweimal festhält. Was einer hat – und daher ist – zeigt die Bilanz, und was sein Tun bewirkt, die Erfolgsrechnung. Gratis gibt es die Versöhnung des Seins mit der Praxis aber nicht. Sie gelingt nur, wenn sich dafür alles in Franken und Rappen verwandelt, und wenn die Uhren und Kalender im Gleichtakt sind.

Das ist viel der Ödnis. Für mich war es zu viel. So kam es, dass mir beim Eindösen über einer Lohnabrechnung eine Stimme leise vorschlug, das Kaufmännische sein zu lassen.

Heute sage ich: Das war der kleine Gott. Kurz darauf rief mich ein alter Freund an und schlug vor, Soziologie zu studieren. Ich sagte: «Ja!»

Eine Reise durch die Religionen

Es war 1968 und für so etwas höchste Zeit. Eine neue Musik lag in der Luft, eine wie man sie noch nie gehört hatte. Alles schien möglich. Selbst ein neues Leben. So verliess ich mein altes und sah am Horizont, wo der grosse Gott und das Kaufmännische untergegangen waren, neue grosse Gestalten aufziehen. Die erste war Karl Marx, Eros die zweite. Mit ihnen begann für mich eine Art «Reise durch die Religionen». Sie dauerte zehn Jahre. Auf Karl Marx und Eros folgten Sigmund Freud, Gautama Buddha, Indianer, sonstige Naturfreunde und andere mehr. Niklaus von der Flüe war die letzte der grossen Gestalten. Er hat mich am längsten beschäftigt[4].

Allein war ich nicht unterwegs. Wir waren viele, wie wir es schon als Kinder gewesen waren, vielleicht war es auch deshalb eine etwas kindliche Epoche. Ein neues Leben wurde nicht daraus. Weder für mich noch generell. Aber man hat etwas erlebt, viel davon gemeinsam und einiges war himmlischer Natur, *weil* es gemeinsam war. Das gab es geschenkt. Zusammen mit den grossen Figuren war damals vermutlich auch der kleine Gott unterwegs. Gemerkt hat man es nicht, denn man war ja bei etwas Grösserem dabei.

Die Losung hiess: «We *are* as Gods and might as well get good at it.». Der Satz stammt vom britischen Anthropologen Edmund Leach[5] und eröffnet das Vorwort der ersten Ausgabe des «Whole Earth Catalogue», dem Leibblatt der amerikanischen New Age-Generation. Dort las ich:

«Wir *sind* wie Götter und gewöhnen uns wohl besser daran. Bis heute haben abgehobene Macht und Herrlichkeit – in den Händen der Regierung, der Grosskonzerne, des Bildungssystems und der Kirche – im Grossen und Ganzen kaum erkennbaren wirklichen Nutzen geschaffen. Als Antwort auf dieses Ungenügen entwickelt sich eine Sphäre persönlicher Autorität – die Kraft jedes Einzelnen, seine Bildung selber in die Hand zu nehmen, eigene Einsicht zu gewinnen, sein eigenes Umfeld zu gestalten und seine Erfahrungen mit jenen zu teilen, die sich dafür interessieren. Der ‹Whole Earth Catalog› sucht und fördert Werkzeuge, welche dazu beitragen, auf diesem Weg voran zu kommen.»[6]

Ein wirkungsmächtiges Manifest: Der Geist dieser radikalen Selbstermächtigung erinnert ein wenig an die Reformation 450 Jahre zuvor. Nur ist es jetzt ein Bruch mit jeglicher Autorität und ermächtigt zu weit mehr als zu selbstständigem Denken und persönlicher Auseinandersetzung mit Gott. Diesmal geht es um alles. Gott wird zum Projekt der Optimierung des Subjekts. Diese Botschaft landete als erstes bei den alternativen Nachfolgern der Hippies. Dort kam sie gut an. Bei mir auch.

Das musste versucht werden. Deshalb beteiligte ich mich am Aufbau einer Landkommune in den Tessiner Bergen. Das Werkzeug der Bergbauern weckte zwar nicht direkt göttliche Empfindungen. Doch das war auch nicht alles. Zumindest am Anfang. Das Zusammenleben und ein neues, möglichst weites Bewusstsein waren uns ebenfalls wichtig. Auch dafür gab es Werkzeuge. Für die Gruppe gab es Therapie und Sitzungen. Therapie war auch das Werkzeug für ein erweitertes Bewusstsein, desgleichen Musik, Tanz, Meditation und Substanzen pflanzlicher oder pharmazeutischer Herkunft. So öffneten sich manchmal unsere Augen, und war gerade ein kleiner Gott in der Nähe, dann zeigte er uns an schönen Herbstnachmittagen vielleicht auch einmal den Himmel. So etwas wird dann schnell einmal *der* Nachmittag des Lebens.

※

Darüber reden ist schwer. Passiert so etwas, lässt sich in Umkehrung eines Diktums aus der Welt des Fussballs höchstens sagen: Zuerst war das Pech weg und dann kam auch noch Glück dazu. Darüber hinaus fehlen eigentlich die Worte. Klar, es war irgendwie ein neues – besseres – Bewusstsein gewesen, eines, welches ich zuvor nur vom Hörensagen kannte. Eine Art Erleuchtung. Es verändert sich das Sehen, verschmilzt mit der Welt und den Gedanken. Betrachter und das Betrachtete sind nun eins. Zeit und Raum auch. Physik und Metaphysik rücken näher zusammen und selbst das Rätsel des Lebens ist keines mehr. Alles ist Werden, Vergehen und ruht im Ganzen. Himmlische Augen sehen eine paradiesische Wirklichkeit. Das ist es wohl, was man göttliches Bewusstsein nennt, und es ist erfahrbar. Für mich war es jedenfalls das Ende meiner Reise durch die Religionen. Ich war angekommen. Das war klar. Mehr nicht.

Für einmalige Erlebnisse dieser Art findet sich nur schwer ein passender Platz in der Existenz der dazugehörigen Person. Vor allem dann nicht, wenn diese Person gar keine richtige Existenz hat. Das war bei mir der Fall. So zog ich denn ins

Tal, mied an schönen Herbsttagen das Hochgebirge für ein paar Jahre und baute mir eine den Üblichkeiten und Erfordernissen unserer Welt entsprechende Existenz auf. Seither lebe ich das Leben, welches ich schon hatte, bevor ich mich auf die Suche nach einem neuen machte, und stelle fest, dass es auch dort nicht an himmlischen Erlebnissen fehlt. An anderen allerdings auch nicht.

Wer gegen Ende der 70er-Jahre noch nicht so recht in der Welt angekommen und zu Hause war, fand im Lehrerberuf trotzdem leicht ein Auskommen. Nach meiner Reise durch die Religionen fand ich Arbeit als Handelslehrer und erzählte meinen Schülerinnen und Schülern von der Buchhaltung und von Luca Pacioli, dem Mathematiker und Franziskanermönch, dem Verfasser des frühesten gedruckten Mathematikbuchs[7], wo die doppelte Buchhaltung 1494 erstmals systematisch dargestellt war. Pacioli war auch Lehrer gewesen und hatte Leonardo da Vinci als Schüler. Ich erzählte ihnen von den Kirchturmuhren, die ungefähr gleichzeitig mit der doppelten Buchhaltung am Aufkommen waren, und davon, dass der Geist der Buchhaltung auch die Reformation ein wenig gestreift habe. Ich erzählte natürlich auch von Karl Marx und erklärte, warum die Menschen Waren lieber haben als ihresgleichen und natürlich vieles mehr, was angehende Kaufleute für ihre Arbeit im Büro wissen und können müssen.

Die Hinterlassenschaften
Über Franz Kafkas Roman «Der Process» und die Türhüter-Parabel[8] dagegen sagte ich in der Schule nichts. Solches

gehört in den Deutschunterricht, wäre aus meiner Sicht aber Pflichtlektüre für angehende Kaufleute. Immerhin arbeitete Franz Kafka selber bei einer Versicherung und der Protagonist K. im erwähnten Roman ist Bankprokurist. Unschuldig nimmt K. ein böses Ende. Eine lehrreiche Geschichte also, und das nicht nur für kaufmännische Angestellte, denn sie handelt von der Hinterlassenschaft des grossen Gottes, vom Gesetz und dessen Wächtern.

Insbesondere die Türhüter-Parabel hat es zu Berühmtheit gebracht. Manche vergleichen sie mit Platons Höhlengleichnis. K. wird sie im Roman von einem Geistlichen erzählt. Ein «Mann vom Lande» sucht in der Geschichte Einlass in das «Gesetz». Am Eingang hält ihn ein Wächter auf, heisst ihn warten und weist ihm einen Schemel zu. Der Mann vom Lande lässt nicht locker, doch mit ständig neuen Ausflüchten und Warnungen verwehrt ihm der Türhüter den Eintritt, bis der Mann vom Lande, nach unzähligen Anläufen alt und gebrechlich geworden, kurz vor seinem Tod die Frage stellt, warum ausser ihm niemand Einlass begehrt habe. Der Wächter antwortet, dieser Eingang sei nur für ihn bestimmt gewesen, und schliesst ihn.

Das «Gesetz» bei Kafka ist ein Gebäude, ein Labyrinth von Korridoren und Räumen, bewacht von zunehmend strengen Wächtern. Es ist das Abbild einer hierarchischen, mächtigen Bürokratie. Glanz dringt durch die Spalten der Türen. Das lässt auf Herrlichkeit schliessen. Die Analogie zum Himmel ist unübersehbar. Dort ist Hierarchie das Gesetz des grossen und allmächtigen Gottes und seiner ganzen Herrlichkeit. Er ist verschwunden. Das Gesetz blieb.

Die Türhüter-Parabel lässt sich als Geschichte von Täuschung und Enttäuschung lesen. Für mich ist sie eine Parabel vom Fehlen des grossen Gottes. Was von ihm zurück bleibt, sind zunehmend strengere Wächter vor immer herrlicheren Räumen. Gesetz und Wächter sind Hinterlassenschaften des grossen Gottes. Sie erfordern Aufmerksamkeit und angemessenen Umgang. Das fehlt bis heute.

Hinweise zur Nachlassverwaltung
Leerstehende Gebäude und Anlagen sind einladend. Sie können neu genutzt werden, ziehen aber auch Besetzer an und zwielichtige Gestalten. Das ist auch im leer stehenden himmlischen Palast der Hierarchie so. Im Fall von K., dem unschuldigen Bankprokuristen in Kafkas Roman, kommen die Mörder von dort. In der Gegenwart sind es die Mörder des Jihad. Sie leiten ihr Handeln vom Gesetz des Himmels ab und glauben sich unterwegs dorthin. Fehlt Gott, muss sich jemand um den Himmel kümmern. Dringend.

Der verlassene Himmel des grossen Gottes beherbergt aber nicht nur Kriminelle, sondern auch eine grosse Schar neuer Siedler, von denen ein jeder selber ein grosser Gott ist. Der Geist des New Age hatte seinerzeit nicht nur ein paar harmlose Aussteiger wie mich erfasst, sondern auch ernsthafte Bastler und Kleinunternehmer in kalifornischen Garagen, welche dem Ruf nach neuen Werkzeugen folgend, eine auf ein göttliches Subjekt ausgerichtete Technologie entwickelten. Das ist gelungen. Man sieht es überall. Yuval Noah Harari hat ein Buch darüber geschrieben. Es heisst

«Homo Deus. Eine Geschichte von Morgen»⁹ und beschreibt den Menschen in seinem Streben nach Allmacht, Allwissenheit und Unsterblichkeit mit Mitteln der Technik und Selbstoptimierung. Das ist sein Gesetz.

Nun ja, mit meiner Allwissenheit hat es dank Google und Wikipedia etwas gebessert, auch weiss ich über Fahrplan, Wetter und Kontenstand schneller Bescheid. Mit der Allmacht und der Unsterblichkeit allerdings hapert es nach wie vor. Einen wirklichen tiefgreifenden Nutzen kann ich bei den neuen Technologien nicht erkennen. «Homo Deus» ist wohl eher eine Geschichte von Gestern.

Besonders gründlich hat sich Walter Benjamin mit den Gefahren befasst, die vom Paradies her kommen. Berühmt ist in diesem Zusammenhang sein Kommentar zu einem Bild von Paul Klee, das «Angelus Novus» heisst:

> «... Ein Engel ist darauf dargestellt, der aussieht, als wäre er im Begriff, sich von etwas zu entfernen, worauf er starrt. Seine Augen sind aufgerissen, sein Mund steht offen und seine Flügel sind ausgespannt. Der Engel der Geschichte muss so aussehen. Er hat das Antlitz der Vergangenheit zugewendet. Wo eine Kette von Begebenheiten vor uns erscheint, da sieht er eine einzige Katastrophe, die unablässig Trümmer auf Trümmer häuft und sie ihm vor die Füsse schleudert. Er möchte wohl verweilen, die Toten wecken und das Zerschlagene zusammenfügen. Aber ein Sturm weht vom Paradiese her, der sich in seinen Flügeln verfangen hat und so stark ist, dass der Engel sie nicht mehr schliessen kann. Dieser

Sturm treibt ihn unaufhaltsam in die Zukunft, der er den Rücken kehrt, während der Trümmerhaufen vor ihm zum Himmel wächst. Das, was wir den Fortschritt nennen, ist dieser Sturm.»[10]

Walter Benjamin schrieb diese Zeilen mit Blick auf die grossen Kriege und sonstigen Katastrophen der ersten Hälfte des 20. Jahrhunderts. Daran hatten paradiesische Utopien für die Menschheit einen bedeutenden Anteil. Sie haben den Platz des grossen Gottes eingenommen. Vielleicht hat sein Untergang den Sturm erst ermöglicht. Mit den geniessbaren Früchten des Fortschrittes befasst sich Benjamin nicht. Verständlicherweise.

*

Der Sturm vom Paradies her lässt sich vielleicht eindämmen, wenn die Türen zum Himmel geschlossen werden. Dann könnte der Angelus Novus mit dem Aufräumen der Geschichte beginnen. Dank dem Mann vom Lande schliesst der Türwächter einen Eingang. Das ist ein Anfang. Helden sind der Wächter und der Mann vom Lande keine. Helden machen selber Wind. Die beiden haben eher durch Beharrlichkeit und Ausdauer etwas erreicht – sozusagen durch ihre aktive Untätigkeit.

Die Tür ist zu. Vielleicht mochte Franz Kafka die Türhüterparabel deshalb so sehr. Sie hat ihn fröhlich gestimmt. So zumindest berichten die Biografen.

Wir haben in den Jahren um 1968 keine Himmelstore geschlossen, sondern an ihnen gerüttelt. Das war fortschrittlich, aber nicht immer und für alle bekömmlich.

*

Ein Umnutzungskonzept, die Schliessung oder ein Rückbau des grossen Himmels lösen nicht alle Probleme. Da sind immer noch die arbeitslosen Wächter. Sie sind wie Soldaten, wenn der Krieg aus ist. Die darf man nicht vergessen. Doch genau das ist passiert.

Mit den Gläubigen haben sich auch die Wächter vom grossen Gott weg- und anderem zugewandt. Viele von ihnen haben neue Jobs in den Büropalästen des Gottes Ökonomie, ein paar wachen vor den Toren anderer Paradiese oder hüten in den Köpfen der Menschen die Pforten zum Himmel. Letzteres taten sie schon vorher. Meist Teilzeit. Mit dem Aufkommen des «Homo Deus» sind dort nun aber massenhaft Vollzeit-Jobs für sie entstanden. Besonders beliebt bei Wächtern ist die Kontrolle der Sprache. Sie wachen argwöhnisch über heilige Bücher und Worte und passen auf, dass dem Homo Deus durch Wort und Schrift keine unangenehmen Empfindungen erwachsen.

Was haben wir in den antiautoritären Jahren doch gegen Wächter angekämpft. Beigekommen sind wir ihnen nicht. Weder in der Politik, noch in uns selber. Das habe ich auf meiner Reise durch die Religionen übersehen. Egal welchem neuen Gesetz wir unser Leben unterworfen haben: Unbemerkt sind wir immer wieder selber zu Wächtern geworden, in ihre Haut geschlüpft oder sie in unsere. Mir scheint, es sei daraus nun beinahe so etwas wie eine neue Wächter-Gesellschaft entstanden, in welcher jeder und jede über alles wacht und über sich selbst, strenger noch als Friedrich Dürrenmatt es 1990[11] in seiner Rede über die Schweiz als Gefängnis beschrieben hat.

*

Niemand kümmert sich um die Wächter. Der Umgang mit ihnen ist heikel. Angriff macht sie stärker, Ignorieren aufsässig. Nicht einmal Aushungern funktioniert. Nichts funktioniert, los wird man sie nicht. Man muss sich arrangieren, ihnen das Nötigste geben, mehr aber nicht. Reizarme Umgebung ist gut, Einlullen auch. Wächter mit LSD oder anderen Substanzen gewaltsam ausser Gefecht zu setzen, ist für alle Beteiligten riskant – und auch etwas unfair. Auf keinen Fall soll man Wächter verwöhnen. Auf Saläre, Ablösungen, Weiterbildung und dergleichen ist zu verzichten, damit sie nicht zu gross werden und das Kommando noch ganz übernehmen. Über uns selber und generell.

Paradies, Erkenntnis und andere Perspektiven

Das Himmelreich auf Erden für alle und alles ist ausgeblieben. Das von Gott erbetene und auch das selber gemachte. Die Bemühungen darum haben viel aufgewirbelt. Was dabei herausgekommen ist, wird kontrovers beurteilt. Vielleicht ist es Zeit für einen Marschhalt. Sollte man irgendwann falsch abgebogen sein, dann ist ein Blick in den Rückspiegel – auf die Vergangenheit in der Gegenwart – sicher sinnvoll.

Man erinnert sich: Im Paradies von Adam und Eva gab es keine Wächter. Den Baum der Erkenntnis hütete der grosse Gott persönlich. Nach der Geschichte mit Eva und Adam war selbst das nicht mehr nötig, und ich bezweifle, ob bis heute ein Erzengel einsam und allein auf sich gestellt an der Schwelle zum Paradies und in Sichtweite zum Baum in der Mitte des Gartens ausharrt. Der Zugang zum Paradies und zur Erkenntnis war vermutlich noch nie so frei wie heute. Das Fehlen Gottes ist eine Einladung, sich darum zu kümmern. So jedenfalls verstehe ich die Botschaft von freundlichen Philosophen, Mystikern und sonstigen Propheten.

Zu den Existenzialisten, die in den 60er Jahren unsere Köpfe unter den Baskenmützen rauchen liessen, gehörte Maurice Merleau-Ponty. Seine Philosophie ist bis heute frisch und lebendig geblieben. Sie handelt von der Möglichkeit, mit neuen Augen in eine Welt zu blicken, die dadurch nicht mehr die alte ist.

Zweierlei steht im Vordergrund: Ein ganzheitlich positiver Zugang zum Leben ist das eine. Geboren sein ist für Merleau-Ponty keine ultimative Katastrophe. Im Gegenteil: Die Gegebenheiten der Existenz, die «bestimmte Bedeutung von Natur und Geschichte»[12] die jeder Mensch ist, bedeuten nicht Unfreiheit und Isolation. Was wir vorfinden, ist eine Welt, mit der wir verwoben sind, und in welche das Bewusstsein gewissermassen «eingefaltet» ist. Das gibt uns die Mittel und den Antrieb, Erkenntnis zu gewinnen und uns auszutauschen. Wir teilen die Welt mit andern, wir denken, also gibt es sie. Allein sind wir nicht.

Zum Zweiten geht es bei Merleau-Ponty um die Phänomene des Lebens und ihre unvoreingenommene Wahrnehmung, um den Körper und das Sehen. Ausführlich. Das ist sein Gebiet. Wahrnehmung und Denken sind keine cartesianische Einbahnstrasse zwischen dem Subjekt und einem von ihm abgetrennten Gegenstand. Diese Trennung fällt weg. Der Beobachter und das Beobachtete stehen in einer Wechselbeziehung, gehen ineinander über, sind eins. Das Sehen konstituiert sich im Gesehenen. Wir verkörpern, was wir sehen und berühren. Merleau-Ponty nennt diese Figur «Chiasma»[13].

Das Zauberwörtchen bei Merleau-Ponty ist für mich «Kontakt». Seine Philosophie verbindet. Mich verbindet sie mit der Erinnerung an einen schönen Herbstnachmittag im Gebirge, als die Pechschicht auf meinem Bewusstsein für ein paar Stunden weg war.

Maurice Merleau-Ponty war nicht nur ein grosser Philosoph, sondern auch ein begnadeter Tänzer und aus dem Pariser Nachtleben der Nachkriegszeit nicht wegzudenken. Das Theorie-Praxis-Problem trug bei ihm Grösse S, wenn nicht gar XS. Sarah Bakewell[14] macht in ihrem schönen Buch über den Existenzialismus darauf aufmerksam.

Vielleicht lässt sich Erkenntnis üben. Nachdem ich endlich genügend Kaufleute ausgebildet hatte, wechselte ich in die Erwachsenenbildung. Dafür war es Mitte der 80er-Jahre günstig. Vor lauter Fortschritt gab es bereits damals vielerorts weniger zu tun, und es änderte sich die Art der verbliebenen Arbeit. In unzähligen Kursen und Studiengängen konnte man das dafür Nötige erwerben und war gleichzeitig beschäftigt. Mich interessierte allerdings nicht die berufliche, sondern die sogenannte allgemeine Bildung für Erwachsene. Ein weites Feld an aktiver Untätigkeit. Dort wollte ich ausprobieren, was ich auf meiner Reise durch die Religionen erlebt und gelernt hatte. Damit ich dort mitmachen durfte, brauchte es natürlich auch eine Weiterbildung mit Diplom. Ich schrieb dafür eine Arbeit über paradiesische Erlebnisse in Gruppen[15], wie ich sie als Teilnehmer und Leiter von Therapie- und Selbsterfahrungsgruppen oft erfahren hatte. Das durfte nicht fehlen.

Nun ist es mit dem Lernen allerdings eine zwiespältige Sache. Das sah ich im Studiengang zum Erwachsenenbildner selber. Es kann zu Erkenntnis verhelfen oder – wie schon angedeutet – den Wächtern in unseren Köpfen neue Checklisten in die Hände geben. So werden wir nicht klüger. Lernen fördert auch nicht zwingend unsere Individuation und Authenzität. Der Konstruktivismus, die bevorzugte Philosophie der modernen Pädagogik (und des «Homo Deus») fordert und verspricht das zwar. Also bemüht man sich um seinen einmaligen persönlichen Kosmos. Tun das aber alle, dann finde ich mich ausgerechnet dort im kollektiven Mainstream, wo ich mich mir am nächsten glaube. Das ist frustrierend.

Dennoch hat mir die Erwachsenenbildung lange Berufsjahre in der Nachbarschaft jener Fragen geschenkt, die mir seit meiner Jugend nachlaufen und die mich nie ganz aus den Augen verloren haben. So treu sind sie.

Wie ist das Leben zu nutzen? Ein Leben, welches uns zum Brauchen, nicht aber zum Behalten in einer Welt gegeben ist, die sich dafür nicht besonders gut eignet, weil sie von den Hinterlassenschaften eines grossen Gottes regiert ist, die sich als Wunschziele darstellen *und* gleichzeitig als die Unmöglichkeit, sie zu erreichen. Das ist eine der Fragen und sie stellt sich auch dem Bürolisten.

Mit und wegen der Erwachsenenbildung bin ich nämlich wieder im Büro gelandet. Diesmal in der öffentlichen Verwaltung. Diesmal klappte es – trotz Zahlen, Stempeluhr und sonstigem Zeitdiktat. Der Umgang mit dem Gesetz und seinen Wächtern fiel mir im mittleren Alter leichter. Es sind zwanzig Jahre daraus geworden. Das ist nichts Besonderes. Nach der Erwachsenenbildung war ich im Sozialwesen. Dort kümmert man sich um die Kleinen und versucht, ihnen zu helfen. Das ist nicht einfach. Auch der kleine Gott schafft das nicht immer auf Anhieb.

Der kleine Gott – Mutmassungen
Wenn ich vom kleinen Gott rede, rede ich von einem «Irgendwie» in meinem Leben, davon, dass ich hier bin, irgendwie davon gekommen, davon, dass ich etwas verständnislos staune, wenn ich auf gute und schlechte Zeiten zurückblicke, und ich rede von dem, was an Dankbarkeit übrig bleibt, wenn allen und allem gedankt ist: Meinen Lieben, den Freunden und mir Wohlgesinnten, den guten Feinden sowie den Umständen. Für diese Rest-Dankbarkeit brauche ich eine Adresse. Ein kleiner Gott ist dafür irgendwie genau richtig.

Der kleine Gott macht das Leben verheissungsvoll. Dafür reichen gute Geister und Schutzengel nicht aus. Seine Verheissungen sind kleiner als beim grossen Gott. Himmelreich auf Erden und ewige Seligkeit im göttlichen Licht übersteigen seine Möglichkeiten, denn der kleine Gott ist nicht besonders mächtig. Er verheisst eher kürzere himmlische Erfahrungen. Dafür warten sie hinter jedem Augenblick des Lebens. Für Wunder ist er auf die Gunst der Stunde angewiesen und wirkt lokal. Oft ist er die Gunst grad selber.

Opfer mag er nicht, der kleine Gott. Er ist nichts Besonderes, und seine Aktivitäten sind es trotz ihrer besonders erfreulichen Wirkung irgendwie auch nicht. Er hat kein Theorie-Praxis-Problem. Das ist sein Zauber und verlockt natürlich dazu, es ihm gleich zu tun. Mag sein, dass es dem kleinen Gott bei den kleinen Leuten besser gefällt als bei den grossen. Ich weiss es nicht, aber ich glaube und hoffe es doch sehr. Himmlische Augenblicke stellen sich ansonsten meist unerwartet und irgendwo ein, oft im Alltag. Gesucht und manchmal auch gefunden werden sie auch in Beziehungen, in der Natur und bei künstlerischen Aktivitäten. Für die Philosophie von Maurice Merleau-Ponty waren beispielsweise die Bilder von Paul Cézanne von grosser Bedeutung.

Mir gefällt es, wenn Menschen dem kleinen Gott nacheifern. Heldentum ist dafür nicht nötig. Das passt besser zum «Homo Deus» und ist wie bereits erwähnt von gestern. Aus meiner Sicht ist eine Art aktive Untätigkeit besser. Aktiv weil wir lebendig sind und untätig wegen dem Gesetz. Das Gesetz – vor allem das himmlische – macht aus Aktivität Taten: Wohl-, Helden- oder Missetaten. Das braucht es nicht. Aktive Untätigkeit richtet sich nicht gegen das Gesetz. Sie ruht im Ganzen. Ich meine damit jenen Modus von dem Lao Tse sagt: «Tao abides in non-action, yet nothing is left undone»[16]. (Tao tut nichts, doch nichts bleibt ungetan). Auch aktive Untätigkeit ist nichts Besonderes, doch sie macht Wächter arbeitslos, löst den Theorie-Praxis-Knoten und womöglich noch ein paar andere Probleme.

Aktiv untätig sind wir, wenn wir essen, schlafen, spielen, beten, lesen usw., also eigentlich fast immer und eigentlich sind es auch fast alle, in besonderem Masse natürlich Kinder, Pilgerinnen und Pilger, Mystikerinnen und Mystiker, Künstlerinnen und Künstler und natürlich der kleine Gott selber. Der Obwaldner Eremit Niklaus von der Flüe war es auch. Er lebte unmittelbar vor der Reformation. Doch das ist eine andere Geschichte[17].

Nicht einmal für Heilige ist das Leben eine Aneinanderreihung von ausschliesslich himmlischen Augenblicken. Damit es gelingt, braucht es mehr als die Betrachtung der Darstellungen des kleinen Gottes der Urchristen in den Katakomben[18], auch mehr als die Magie neuer Augen und verwandelter Welt. Für die schwierigen Momente und Phasen im Leben braucht es Kraft und Zuspruch für die Ohren.

Offenbar hat nie jemand den grossen Gott erblickt. Selbst Ezechiel nicht. Gehört hat man ihn dagegen besser. Das ist beim kleinen Gott ähnlich. Er meldet sich gern akustisch. Und oft genau dann, wenn ich es nötig habe. Dann höre ich vielleicht: «Nur Geduld! Alles geht vorüber!» Er fügt dann oft noch an: «Nur die Ewigkeit nicht!» Das aber leise. Ich soll es nicht hören, weil mir das nicht besonders gefällt. Er weiss es. Erwischt es mich besonders arg, sagt er: «Oh, wie blöd – das ist jetzt aber wirklich dumm gelaufen …!» oder etwas Ähnliches. Es sind einfache Sachen und sie sind tröstlich.

Der kleine Gott macht keine grossen Worte. Er redet wenig, und das in einer Sprache, die man versteht, weil es unsere ist. Das war beim grossen Gott anders. Da war am Anfang das Wort und es war bei ihm. Fehlt er, dann fehlen uns die Worte, dann fehlt Logos, der höchste Begriff für Gott und seine Schöpferkraft, jene Drehscheibe, die sein Wort mit unserer Rede, mit Sinn, Logik und Vernunft verbindet.

Die Vereinnahmung der Sprache durch den grossen Gott liess sie bedeutungsvoller erscheinen als sie ist. Sein Wort war Gesetz. Darüber sind wir nicht hinweg. «Der Mensch ist das Lebewesen, das, um sprechen zu können, ‹Ich› sagen muss, das mithin ‹das Wort ergreifen›, es (von Gott) annehmen und sich zu eigen machen muss.»[19] (Giorgio Agamben). Die Sprache ist noch immer an den grossen Gott gebunden. Doch sie ist nicht heilig, auch die Buchstaben sind es nicht. Die Sprache gehört den Menschen, ihnen zur Freude, zur Verständigung und meinetwegen zur besseren Ordnung ihres Daseins.

«Oh, Du!» Vielleicht hat das Reden so begonnen – vor Jahrtausenden unter einem Felsvorsprung im Schein des Feuerchens. Zwei Menschen und ein kleiner Gott – auf ihrer Zunge. Was der kleine Gott spricht, würde mir gewaltig fehlen. Er hat mich beispielsweise auch schon ermuntert, die eine oder andere Hand zu ergreifen oder eine loszulassen. Das allerdings mehr nonverbal und unverbindlich.

Wenn ich sage, dass der kleine Gott das «Irgendwie» in meinem Leben ist, dann geht es mir um die Ungewissheit, die mit ihm verbunden ist. Es gab sie schon beim grossen Gott. Die Frage bleibt die gleiche: Ist Gott nur Gegenstand meines Vorstellungsvermögens oder entspricht ihm darüber hinaus eine Wirklichkeit? Wissen kann ich es nicht. «Es ist unbegreiflich, dass es Gott gibt, und es ist auch unbegreiflich, dass es ihn nicht gibt […]», heisst es schon bei Blaise Pascal[20]. In einer Welt der Gewissheiten ist mir Ungewissheit teuer.

Vielleicht ist es aber gar nicht so wichtig, woran ich glaube oder nicht. Julian Barnes[21] macht darauf aufmerksam. Für ihn wäre viel wichtiger, dass jemand an uns glaubt. Das sollte nicht fehlen. Das sehe ich auch so.

※

Betrachte ich mein Leben als eine Art Detektor-Falle für den Nachweis des kleinen Gottes, dann stelle ich fest: Er ist mir recht oft ins Netz gegangen. Manchmal in einer Gestalt – meistens ohne. Einige Spuren sind den kurzen hellen Bahnen von Sternschuppen am Nachthimmel vergleichbar oder den Spuren, welche sehr bindungsstarke Elementarteilchen hinterlassen, wenn sie im Magnetfeld oder in der Nebelkammer der Forschung aufblitzen, um gleich wieder zu verschwinden, ohne sich messen oder abbilden zu lasssen. Dennoch sind sie unvergesslich.

In ihrer Vielfalt ist den Beobachtungen eines gemeinsam: Der Beobachter lächelt. Das ist mein wichtiges Erkennungsmerkmal für den kleinen Gott: Er weiss, wie Lächeln geht. Ist er unsichtbar, lächelt man selber, ansonsten mindestens zu zweit. Sein Lächeln würde mir fehlen.

Nur nebenbei: Der gelbe Smiley ist ein äusserst profaner Versuch, das Sublime des kleinen Gottes einzufangen. Da gefallen mir die Darstellungen der Urchristen in den Katakomben besser.

Im Alter
Der 1946 geborene englische Schriftsteller Julian Barnes hat 2005–2007 mit «Nichts, was man fürchten müsste» ein tapferes Buch über den Tod geschrieben. Es handelt grösstenteils von Gott. Vom Grossen. Denn mit dem Tod – so der Autor – zeigt sich, ob man punkto Glauben oder Unglauben richtig lag. Barnes selber wählt einen vorsichtigen Mittelweg und sagt: «Ich glaube nicht an Gott, aber ich vermisse ihn.» Spätestens mit 60 kommen Gedanken an den Tod. Selbst der grosse Gott findet sich zu guter Letzt im Alter wieder.

Zum Glück legt sich der Wirbel um den Fortschritt im Alter ein wenig. Hoffentlich genug, um nicht – wie der Angelus Novus – rückwärts über die Schwelle in ein wie auch immer geartetes Jenseits gepustet zu werden. Gerne räume ich vorher noch auf; zumindest die eigenen Geschichten und – hier vorliegend – die mit Gott. Die Einladung, selber Gott zu sein, bleibt allerdings tückisch. Dank Selbstoptimierung und i-Technik locken Langlebigkeit, Fitness und tiefere Versicherungsprämien. Da schlucke ich immer mal wieder einen Köder und muss mir dann vom kleinen Gott vom Haken helfen lassen. Peinlich. Grundsätzlich sollte man sich dem im Alter entziehen.

Wie gesagt: Mir fehlt der grosse Gott nicht. Abgesehen von seinem Nachlass hinterliess er Leere. Nicht nichts – sondern eine grosse schöne Leere, in der ich über eher kurz als lang verschwinden werde. Bis es soweit ist, betrachte ich aber gerne noch eine Weile, was aus ihr entspringt, in ihr ruht und vergeht. Viele Pflichten habe ich nicht mehr. Ich mache, was mir gefällt und möchte bei guter Laune sterben. Hoffentlich hilft mir der kleine Gott dabei. Übrigens: Aus der erwähnten Leere bin ich wohl auch hergekommen, damals, als die erschreckend lange Zeit endlich um war, während der es ganz offensichtlich ohne mich gegangen ist. Vermutlich war es eine ganze Ewigkeit.

✻

Nun da ich älter bin, stelle ich fest, dass es mir – alles in allem – im Leben an nichts gefehlt hat. Das hat damit zu tun, dass ich beim Erinnern nicht mehr zwischen Soll und Haben unterscheide. Der kleine Gott hat mir das beigebracht. Ich finde auch, dass wir uns nicht ständig als Mängelwesen sehen sollten. Vielleicht bilden wir uns bloss ein, dass uns ständig etwas fehlt, weil es uns seit langem eingeredet wurde, beispielsweise um die Ökonomie des grossen Gottes zu begründen oder die Göttlichkeit der Ökonomie. Vermutlich «fehlt uns gar nichts, ausser der Einsicht, dass nichts fehlt», wie es Odo Marquard einmal pfiffig formuliert hat.

1. Fernando Pessoa, Das Buch der Unruhe des Hilfsbuchhalters Bernardo Soares, Ammann, Zürich, 2004.
2. Adolf Holl, Wo Gott wohnt – die Geschichte einer langen Bekanntschaft, Ullstein, Frankfurt am Main, Berlin, Wien, 1978.
3. Giorgio Agamben, Herrschaft und Herrlichkeit, Zur theologischen Genealogie von Ökonomie und Regierung, (Homo Sacer Bd. II.2) Suhrkamp, Berlin, 2010.
4. Ruedi Fink, Bruder Klaus, in: Wassermänner. Drei Erzählungen, unveröffentlichtes Manuskript, Bern, 2017.
5. Edmund Leach, A runaway World?, Oxford, 1968.
6. Whole Earth, 30th Anniversary Edition (Whole Earth Catalog 1968), Point Foundation, San Rafael CA. 1998 (Übers. vom Autor).
7. Luca Pacioli, Summa de Arithmetica, Geometria, Proportioni et Proportionalità, Paganino Paganini, Venedig, 1494.
8. Franz Kafka, Der Process, Reclam, Leipzig, 1977.
9. Yuval Noah Harari, Homo Deus. Eine Geschichte von Morgen, C. H. Beck, München, 2017.
10. Walter Benjamin, Über den Begriff der Geschichte. Werke und Nachlass – Gesamtausgabe, Bd. 19, hg. von Gérard Raulet, Suhrkamp, Berlin, 2010.
11. Friedrich Dürrenmatt, Rede auf Vaclav Havel zur Verleihung des Gottlieb Duttweiler Preises am 22. November 1990, in: Die Schweiz – ein Gefängnis. Die Havel-Rede, Diogenes, Zürich, 1997.
12. Maurice Merleau-Ponty, Phänomenologie der Wahrnehmung, De Gruyter, Berlin, 1966.
13. Maurice Merleau-Ponty, Das Sichtbare und das Unsichtbare, Fink, München, 1994.
14. Sarah Bakewell, Das Café der Existenzialisten, C. H. Beck, München, 2016.
15. Ruedi Fink, Das ist keine Gruppe! Beiträge zur emanzipatorischen Gruppenarbeit, AEB, Luzern, 1987.
16. Lao Tsu, Tao Te Ching (37), Translation by Jane English in collaboration with Gia-Fu Feng, Random House 1972 and 2011.
17. A. a. O. (Anm. 4).
18. Thermenmuseum Rom, Sitzende Statuette (Exponat Nr. 61 565), 3. Jhr. n. Chr., bei Adolf Holl, a. a. O. (Anm. 2).
19. Giorgio Agamben, Das Sakrament der Sprache, Suhrkamp, Berlin, 2010.
20. Blaise Pascal, Gedanken (Fragment 393), Suhrkamp, Berlin, 2012.
21. Julian Barnes, Nichts, was man fürchten müsste, Kiepenheuer & Witsch, Köln, 2010.

HEIDI BERNER

Creux du Van

Creux du Van *Eine Spurensuche*
Heidi Berner

Prolog

Was fehlt, wenn Gott fehlt?

Ja, was fehlt denn,
wenn du fehlst?

Wer bist du?

Bist du wer?

Bist du wer,
wenn niemand nach dir fragt?

Was können wir wissen über dich?
Oder ist «wissen» das falsche Wort?
Ist alles einfach Glaubenssache?

Es gab eine Zeit in meinem Leben,
in der ich gar nichts mehr
zu tun haben wollte mit dir.
Im Gymnasium lernte ich
befreiendes Denken kennen,
befreiend aus dem frommen Mief
meiner Grosseltern.
Ich lernte, dass du nicht nötig bist,
um unsere Welt zu erklären,

bis zu einem gewissen Grad, natürlich.
Letzte Fragen bleiben offen.

Spätestens beim Studium der Biologie war klar:
Die Schöpfungsgeschichte
ist keine wissenschaftliche Beschreibung
der Herkunft alles Lebendigen.

Fehltest du mir damals?
Vielleicht.

Auf jeden Fall faszinierten mich Menschen,
die den Glauben nicht verloren hatten.
Und dennoch fand ich keinen Zugang zu dir.
Nur im Staunen über die Schönheit des Planktons
befiel mich so etwas wie eine heilige Scheu.
Das Betrachten der filigranen Wesen
kam mir unwillkürlich vor wie ein Gebet.

Später dann, als das Leben mich
gerade arg beutelte,
lernte ich eine Pfarrerin kennen
in der Nachbarschaft.
Vorsichtig streckte ich die Fühler aus,
nahm Kontakt auf und geriet,
über mich selber staunend,
in eine kirchliche Frauengruppe.
Feministische Theologie
betrieben wir –
welche Befreiung, welche neue Welt,
wie anders begegnetest du mir da!

Meine Fragen, meine Zweifel
blieben allerdings,
mein naturwissenschaftliches Denken
und die Spiritualität in der Gruppe
prallten aufeinander.

Ich begann, meine Gedanken
niederzuschreiben,
dich immer wieder einzukreisen,
anzufassen, zu betasten,
zu ergründen.

Ausgangslage

Der Zensor

Ein kleiner atheistischer Zensor
begleitet mich ständig,
guckt
mir über die Schulter
beim Schreiben,
spuckt
in meine mystische Suppe,
kichert
in mein Ohr
in der Stille,
krallt sich fest,
wenn ich ihn verscheuchen will,
zwingt mich,
ehrlicher zu fragen,
genauer zu denken,
tiefer zu fühlen.

Creux du Van

Auf einer Jura-Weide war's, damals in der Tertia.
Am Waldrand? Bei einem Bauernhof?
Zu viert, zu fünft, zu sechst im Zelt?
Dies alles weiss ich nicht mehr so genau.

Wie wir da liegen, müde, eingemummelt,
kichernd erst, dann stiller,
schlägt die Kameradin vor,
wir könnten doch noch miteinander beten.

Ich sage nicht, das will ich nicht,
und bin allein mit meinem Schmerz.
Mit meiner Eifersucht auf sie,
die – fast noch kindlich – glauben können.
Und mir ist kalt in jener Nacht.

Am Tag darauf der Creux du Van.
Felsarena, schroffe Wände fallen senkrecht ab.
Faszination des Risikos, der Angst.
Ob links, ob rechts der Abgrund war,
habe ich vergessen.
Doch dass grad sie, die Gläubige,
zwei Schritte vor mir ging –
das ist mir immer noch präsent.
Gedankenblitz:
Ich stosse sie,
die das besitzt, was ich verloren habe.
So einfach wäre das.

Creux du Van

Gut und Böse trennt zuweilen nur ein Wimpernschlag.
Ein Fehlimpuls: zwei Leben zerstört – für immer.
Ich stiess sie nicht.
Und doch – dass das Verbrechen
nur in meinem Kopf geschah,
ist unfassbares Glück.

Im Winter darauf brachte sie mir
Finessen im Skifahren bei.
Ich bin ihr dankbar.

HEIDI BERNER

Angewandte Biologie

Der Bach

Bist du die Quelle des Lebens?
Bist du der Bach des Lebens?
Was haben sie nur aus dir gemacht!

Sie haben dich in ein enges Bett gezwängt und kanalisiert
und deine Ufer verbaut,
mit Mauern aus Dogmen und Gesetzen.
Sie haben deine Kraft ausgebeutet
bis zum letzten Tropfen.
Dann kamen die Technokraten und sagten,
was brauchen wir diesen Bach,
wir können ohne ihn viel rationeller wirtschaften.
Sie dolten dich ein und deckten dich zu,
und du fliesst jetzt im Verborgenen.
Nur noch einige Alte erinnern sich an dich,
wie du noch ein munterer Dorfbach warst
und Liebespaare an deinen Ufern sassen
und deinem Murmeln und Gurgeln lauschten.
Und sie erzählen es ihren Enkelkindern,
und die suchen nach alten Bildern und fragen, wie es
damals war.

Und die Jungen, die sagen, wir machen das alles rückgängig,
und wir graben den Bach wieder aus!

Creux du Van

Es wird wüst aussehen zuerst,
du wirst über die Ufer treten und Keller überfluten
und vieles, was wir gehortet haben, zerstören,
und wir werden aufräumen müssen.

Aber dann werden Bäume wachsen an deinen Ufern,
Vögel werden singen und Libellen werden umherschwirren,
in deinen Fluten werden sich Fische tummeln,
Blumen werden blühen und ihren Duft verströmen.
Und die Menschen werden an deinen Ufern sitzen
und ins Wasser schauen,
und sie werden deine Sprache verstehen!

Protest

Es könnte ja sein,
dass dies alles
keinen Sinn hat.

Es könnte ja sein,
dass unser Leben
und unser Tod
einfach so passieren,
gehorchend
den unerbittlichen Gesetzen
von Ursache und Wirkung,
den Wechselwirkungen
zwischen Elementarteilchen,
den uralten Regeln
von Fressen und Gefressenwerden,
den zufälligen Konstellationen
in Raum und Zeit.

Es könnte ja sein,
dass das, was wir für Schönheit halten,
nichts ist als eine an unsere Umwelt angepasste
Hirnfunktion
und Wohlgeruch optimierte Sinnesleistung
diktiert von egoistischen Genen.

Es könnte ja sein,
dass das, was wir für Liebe halten,
nichts ist als soziobiologische Zweckmässigkeit.

Creux du Van

Dann wären meine Worte hier
ganz kleine Versuche
des Protests.

Gebete sogar

Wenn wir ehrlich zu fragen wagten:
woher? wohin? wofür?
Abgründe täten sich auf
und kein Geländer aus festen Antworten könnte uns
schützen.

Wir kommen vom Chaos
und werden zu Staub –
dazwischen ein Quäntchen Leben.

Und Gott?
Vielleicht? – Ich weiss es nicht.
Ich weiss allein, dass ich es liebe,
dieses Leben, dieses Hoffen, diese Sehnsucht,
sogar die Traurigkeit.
Dieses «Gib acht auf dich!», das freudige Wiedersehn,
dieses Wandern dem Bach entlang,
das Rasten, das Trinken,
das Lachen, das ansteckt, die Fröhlichkeit,
ein gaukelnder Schmetterling und Vogelgesang,
die Sonne, die durch die Blätter blinkt und alles verzaubert.
Träume, Lieder, Geschichten,
– Gebete sogar –
geboren aus Wasser und Erde.

Schöpfung

In einer Nische des Kosmos
formiert sich Neues
formiert sich und informiert
das Seiende über sein Werden.
Information und Form
umarmen sich,
fortlaufend
Neues erzeugend!

In einer Nische des Kosmos
wird Materie Wirklichkeit:
Quarks und Gluonen,
Wasserstoff und Helium,
Polypeptide und Nukleinsäuren,
sogar Diamanten!

Das Leben keimt
– dazwischen –

In einer Nische des Kosmos
wird Leben Wirklichkeit:
Bakterien und Blaualgen,
Rädertiere und Eintagsfliegen,
Zaunkönige und Menschen,
sogar rote Rosen!

Die Liebe keimt
– dazwischen –

In einer Nische des Kosmos
wird Liebe Wirklichkeit,
wird Wirklichkeit und wirkt
in uns, die wir werden.
Leben und Liebe
umarmen sich
fortlaufend
Neues erzeugend!

Gott sei Dank!

Werden

Landschaft – geformt aus Stürmen
und Regengüssen,
aus sengender Sonne, Eis und Schnee.

Lebende Vielfalt – entstanden
aus tausend Kämpfen,
aus Wachsen und Leiden, Zufall und Tod.

Menschliche Hoffnung –
aus der Verzweiflung,
aus Freude und Trauer, Glück und Not.

Schläfenlappen

Der du wohnst in den Schläfenlappen,
geheiligt werde dein Name?

Du offenbarst dich
im Austausch von Ionen,
in Aktionspotentialen
an semipermeablen Membranen.

Geborgenheit dank aktivierter Synapsen?
Begeisterung dank körpereigenem
Glückshormon?

Materie, die wir sind,
über uns hinauswachsend,
Hymnen singend,
wer sind wir?

Der du dich regst in den Schläfenlappen,
wer bist du?

Ein Wörtchen mitreden

Vernehmlassung

Damals,
als die Naturgesetze
erlassen wurden,
waren wir nicht
zur Vernehmlassung
eingeladen.

Nun,
da wir da sind,
möchten wir schon gerne
ein Wörtchen mitreden.

Und sei es
mit einem Gebet.

Spuren

Gott, wenn du doch da wärst
und wenn wir mit dir reden könnten,
was hätte ich dir alles zu sagen.

Siehst du denn nicht, wie ungerecht
alles abläuft und wie schlecht es vielen geht?
Siehst du denn nicht, wie die Leute nicht mehr
richtig an dich glauben und dich verspotten?

Siehst du denn nicht, wie sie deinen Namen
missbrauchen, jeden Tag?
Wie sie den Krieg heiligen und den Terror?

Siehst du denn nicht, wie wir aneinander vorbei leben
und zu viel voneinander erwarten – oder das Falsche,
wie wir uns gegenseitig zu Objekten machen –
oder machen lassen?

Wenn du mir doch nur ein Zeichen geben könntest,
dass du da bist und dass wir nicht allein sind.
Wenn ich doch nur Spuren
deines Wirkens erkennen könnte!

Ach, du meinst die Geschichte mit dem Wegarbeiter,
der uns half bei der Reifenpanne in Portugal?
«Nada», sagte er, als wir ihn fragten, was es koste.
Und er lachte, weil er sich mit uns freute
über die geglückte Reparatur.

Creux du Van

Und bist du im Wind in den Haaren beim Radfahren?
In meiner Freude an der Schönheit des Planktons?
Im selbstvergessenen Spiel der Kinder?
Im stillen Blick der alten Frau im Pflegeheim?
In unserem Überwältigtsein beim Anblick des Meeres?

Sind das deine Spuren?
Bist du so konkret und nah?
Ich möchte es gerne glauben.

Zuwendung

Wir müssen dich, Gott, vergessen,
wenn wir uns andern zuwenden.

Wenn Nächstenliebe
nur Gottesdienst ist,
ist die Liebe nicht ganz.
Unsere Aufmerksamkeit,
unsere Zuwendung
gilt dem Du.
Und jedes Schielen
nach Anerkennung
des eigenen guten Lebens
ist eine Einschränkung
des guten Lebens.

Frei denken – 10 Varianten

1. Es könnte sein,
   dass die Freidenker
   recht haben:

   THERE IS PROBABLY NO GOD
   NOW STOP WORRYING
   AND ENJOY YOUR LIFE

   DA IST WAHRSCHEINLICH KEIN GOTT,
   ALSO SORG DICH NICHT,
   GENIESS DAS LEBEN.

2. Ohne Gott
   haben wir Menschen
   alle Freiheit der Welt.

   Allein auf uns gestellt,
   ohne moralische Instanz
   und himmlischen Aufpasser,
   müssen wir selber
   für Ordnung sorgen,
   in unserem Leben,
   in unserer Welt.

   Oder gelten dann einfach
   die Naturgesetze?
   Dynamische Fliessgleichgewichte,
   populationsdynamische Prozesse,

zufällige Gegebenheiten?
Auch für alles,
was uns Menschen betrifft?

3. Weshalb nur
   gibt es dennoch
   so etwas wie Zuneigung?
   Fürsorge,
   auch für die Schwachen,
   die von der Evolution
   gnadenlos
   ausgemerzt würden?

   Kann die Soziobiologie
   alle Fragen
   menschlichen Verhaltens
   klären?

4. Bleibt vielleicht
   ein Quäntchen Zweifel
   am Unglauben?

5. Vielleicht existiert Gott.
   In Dimensionen,
   die wir uns nicht vorstellen können.
   Als erste Ursache.
   Als Erzeuger von Materie und Leben,
   von Dingen und Prozessen.

6. Es könnte sein,
dass Gott
sich nicht im mindesten
für uns interessiert.

Es könnte sein,
dass all die Gebete
im Leeren enden,
weil sich dieses höchste Wesen
gerade mit anderem beschäftigt,
mit Vulkanen experimentiert
oder mit Wirbelstürmen.
Oder in einer
entfernten Galaxie
herauszufinden versucht,
ob es noch andere Methoden gibt,
Leben entstehen zu lassen.

7. Es könnte sein,
dass Gott sich zwar für uns interessiert,
aber böse ist.
Böse und allmächtig.
Er hätte Spass an Action,
an Mord und Totschlag,
an Terror, Krieg und Völkermord.

8. Das Bild des gütigen Gottes,
wer hat es entwickelt und
in den leeren Himmel projiziert?
Ist es zu schön, um wahr zu sein?
Verbietet uns die

intellektuelle Redlichkeit,
dieses Bild zu betrachten,
in Betracht zu ziehen?

9. Vielleicht,
auch das müsste in
Betracht gezogen werden,
ist Gott genau so,
wie es der Wanderprediger
aus Galiläa glaubte
und vorlebte:

　Uns herzlich zugewandt,
unserem Denken und Fühlen,
teilnehmend an Leid und Not,
glücklich in unserem Glück,
unbändig, heiter, voll Lust und Freude.

10. Vielleicht spielt es keine Rolle,
wie wir uns Gott vorstellen,
wenn wir nur das Eine erkennen:
«Ubi caritas et amor,
Deus ibi est.»

ALSO SORG DICH NICHT,
GENIESS DAS LEBEN.

Alles oder nichts

Vielleicht

Vielleicht
falle ich
dereinst
ins Nichts.

Wie ich gelebt habe –
irrelevant.
Wofür ich gekämpft habe –
vorbei und vergessen.
Was ich geliebt habe –
verloren mit mir.

Vielleicht –
auch das könnte sein –
sterbe ich
in die Liebe hinein.

Wie ich gelebt habe –
geborgen in ihr.
Wofür ich gekämpft habe –
geht weiter in anderen.
Was ich geliebt habe –
Ist geliebt für immer.

Vielleicht
ist das Nichts,
in das ich falle,
alles.

ANDREAS SCHERTENLEIB

I am ready my Lord

I am ready my Lord

Andreas Schertenleib

Was fääut, we Gott fääut?

We Gott fääut
cha n i nümm mit ihm rede

Aus Ching ha n i viu mit ihm gredt
wiu i ha a Gott gloubt

Was gloubt?
S het ne eifach gää
u drum ha n i mit ihm gredt

S macht soviu Spass
a Gott z gloube
Muesch s mau usprobiere
Am beschte grad jitz
U de fing use
gob oder gob nid
Gott wott
dass du a ihn gloubsch

seit dr Leonard Cohen
i eim vo sine Gedicht usem Buech vo de Sehnsücht
Är het ging wider mit Gott gredt
Zum Bischbiu i sim Lied
If it be your Will
We s di Wille n isch

I am ready my Lord

I däm Lied red i mit Gott
seit dr Cohen
I ha denn nid gwüsst
gob s Gott git oder nid git
Aber i ha eifach mit ihm gredt
u so het s ne gää
Wenigschtens so lang
wi n i das Lied gsunge ha

Ganz am Schluss vo sim Läbe
seit dr Cohen zu Gott
You want it darker
Du wosch s dunkler
Är haderet mit Gott
wiu Gott macht
was är wott
wiu är säuber nüt drzue z säge het
gob sis Läbe z Änd geit oder nid
U drum geit är mit Gott i ds Gricht
u seit was är no wott säge
U wo n är de aues gseit het
seit r
I am ready my Lord

We Gott fääut
chasch nümm säge
I am ready my Lord
we du zum Schtärbe parat bisch

Chürzlech isch ä Fründ vo mir gschtorbe
dr Willi

ANDREAS SCHERTENLEIB

Dr Willi isch Lehrer gsi
u isch mau zum Pfarrer
u het gseit:
«Morn ha n i Religion
u mini Ching wei wüsse
wär Gott isch
U drum chöme mir morn zu dir i d Chiuche
u wei, dass du üs Gott zeigsch
La dir öppis la ifaue!»

Wo si id Chiuche cho si
het dr Pfarrer gseit
äs söu eis Ching nachem angere i Chor füre cho
Nach churzer Zyt isch ds erschte Ching zrügg cho
u het gschtraalet
Nüt gseit
Ds zwöite Ching genau gliich
Gschtraalet
nüt gseit
Eis Ching nachem angere isch mit lüüchtige Ouge zrügg cho
U de het dr Willi ändlech o füre dörfe
Vor im Chor isch e Truie gsi
Dr Pfarrer het gseit:
«Mach se uf!»
Dr Willi het se ufgmacht u het sich säuber gsee
Imene Schpiegu

We Gott fääut
chasch nümm ga frage
wär Gott isch

cha eim niemer me
Gott zeige

I sine letschte Jahr isch dr Willi demänt worde
Wo n i mau ha aglüte
u gfragt ha
gob är mi no kenni
het är gseit: «Nää!»
u het dr Hörer ufghänkt
Wo n i ne de schpeter mau ha troffe
het är mi agschtraalet
u de ha n i gseit
«Mi tünkt s, du kennsch mi no!»
U de het är gseit:
«So n e schöne Ma!»
u het mi umarmet
Vilich het är mi no kennt
U vilich hei mir üs grad nöi leere kenne

Ar Beärdigung het dr Pfarrer vrzeut
wi n är dr Willi äs paar Tag vor sim Tod im Dorf het troffe:
Är heig ufene Gibu vomene Husdach zeigt u gseit
«Lue!»
Dert obe sig e Vogu gsässe
«So schön!»
heig dr Willi gseit

Dr Pfarrer het nid vrschwige
dass s o aschträngend isch gsi mitem Willi
Är isch viu eifach abghoue
u de hei sini Frou u sini Töchtere u dr Schwigersuhn

ANDREAS SCHERTENLEIB

wo s guet het chönne mit ihm
u mängisch o d Polizei
ihn müesse ga sueche
bis är de äntlech irgendwo im Dorf wider fürecho isch
D Spitex het är agschnouzt u furtgschickt
U wo si mau hei besproche
gob si ihn in es Pflegheim müesse gä
het är gseit
«Dir chöit scho ga, i blibe da!»

Dr Willi isch bis am Schluss dr Willi blibe
Är het ganzi Nächt düre
gsunge u gjuchzet u trunke
O wo n är scho nümm guet het chönne schlücke
het är ging wider wöue aschtosse
Het jede Schluck mit Hueschte müesse büesse
het aber gliich ging wider wöue aschtosse

Sini Mueter het em Willi aus chliine Bueb gseit
Är söu uf d Frag
«Wi heissisch du?»
säge:
«I heisse Willi Schatz u Sunneschyn.»

Gschtorbe isch dr Willi
i sim Bett im Zimmer über dr Schtube
sini Frou a sire Site
i dr Schtube het dr Schwigersuhn mit sire Band probet
Blasmusig
dr Schwigersuhn am Banjo
U dobe im Zimmer het dr Willi zu sire Frou gseit:

I am ready my Lord

«Danke!»
Oder het är s zu Gott gseit?
Oder zu de Musikante
Oder zu aune zäme?
«Danke! Danke! Danke!»
het är gseit
u dunger ir Schtube het d Blasmusig gspiut
wo n är gschtorbe isch

We Gott fääut
chasch ihm nümm danke säge
we du schtirbsch
Nach dr Beärdigung si mir zum Willi hei ga füüre …

Dr Willi het ging gärn gfüüret
Riisefüür
vrbottni Füür
mitem Füür gschpiut
I de Ferie z Frankreich het d Füürwehr müesse cho
wiu wägem Willi dr Waud het afah brönne
S het zum Glück ke Azeig gä
wiu em Willi sini Frou mit viu Charme
für ihn d Chole usem Füür ghout het

… nach dr Beärdigung si mir auso zum Willi hei ga füüre
i dä Garte vo däm aute Huus
wo n är aube zäme mit sire Frou u sine Töchtere
wunderschöni Summerfescht gmacht het
Dert i däm Garte isch jitz e Houzschtäge gschtange
wo direkt i Himu ufe gfüert het
Mir hei di Schtäge azüntet

ANDREAS SCHERTENLEIB

u bevor dr Geischt vom Willi i Himu ufe gange n isch
hei mir no einisch zäme
gfiiret u gfüüret
u gässe u gredt
u gsunge u gjuchzet
u trunke

Dona nobis pacem
Gib üs Fride
hei mir gsunge

We Gott fääut
chasch ihm nümm säge:
«Gib üs Fride»
We Gott fääut
git s ke Schtäge me i Himu ufe
We Gott fääut
chasch nümm mit ihm rede
We Gott fääut
chasch nümm dr Pfarrer ga frage
wär Gott isch
We Gott fääut
cha eim niemer me Gott zeige
We Gott fääut
chasch ihm nümm Danke säge
we du schtirbsch
We Gott fääut
chasch nümm mit ihm hadere
we du nid wosch
dass dr Tod chunnt

Los mau, Liebgott:
Dass i säuber mues schtärbe gieng ja no
Aber dass i mini Fründe mues la gaa
geit gar nid

We Gott fääut
chasch nümm mit ihm i ds Gricht gaa
u we du de aues gseit hesch
säge

I am ready my Lord

EDUARD KAESER

Gott suchen unter leerem Himmel

Gott suchen unter leerem Himmel

Eduard Kaeser

Es ist durchaus nötig, dass man sich vom Dasein Gottes überzeuge; es ist aber nicht ebenso nötig, dass man es demonstriere.
                                                     Immanuel Kant

Herr Doktor, heute Nacht habe ich den ganzen Himmel mit Sublimat desinfiziert, aber ich habe keinen Gott gefunden.
                            Ein Patient von Carl Gustav Jung, apokryph

Der neue Atheismus

Wir Modernen halten uns viel zugute auf unsere Aufgeklärtheit, und seit zwei Jahrhunderten feiern wir den Siegeszug der Idee, dass alles in der Welt wissenschaftlich erklärbar und technisch herstellbar ist. Vieles, was noch vor einem Jahrhundert undenkbar erschien, ist heute nicht nur denkbar, sondern realisierbar, wenn nicht sogar realisiert. Man erinnere sich nur etwa an die Fantasien eines Jules Verne über Mondflüge und Expeditionen in Meeresabgründe. An Science-Fiction-Visionen eines H. G. Wells über das Erzeugen von Chimären, von Mischwesen aus Mensch und Tier. Heute kalter Kaffee.

Aus der modernen Wissenschaft bläst der Religion ein rauer Wind entgegen. Was traditionellerweise zu den angestammten Gebieten des Glaubens gehörte, wird quasi in die Zange zweier wissenschaftlicher Ansprüche genommen. Zum einen herrscht die Tendenz vor, unser Leben, unsere Seele, unser Sinnbedürfnis zum Forschungsobjekt der Naturwissenschaften zu machen. Gehirnforscher sehen in Gott eine Nervensache, Mikrobiologen sprechen vom «Gottes-Gen», Evolutionspsychologinnen von einem «Gottesinstinkt», der dem Menschen im Lauf der Evolution zu einem Anpassungsvorteil verholfen habe. Zum andern formiert sich im Fahrwasser moderner Wissenschaft auch ein offensiver, wenn nicht gar militanter neuer Atheismus, der im religiösen Glauben kaum mehr als ein rückständiges Stadium der Menschheitsentwicklung ausmachen kann – schlimmstenfalls Pathologien des Geistes wie Gotteswahn oder gewalttätigen Fundamentalismus. Dagegen helfe nur wissenschaftliche Aufklärung.

Weder solche Forderungen noch die missionarischen Orgeltöne sind neu. «Der unermessliche Schaden, welchen der unvernünftige Aberglaube seit Jahrtausenden in den gläubigen Menschen angerichtet hat, offenbart sich wohl nirgends auffälliger als in dem unaufhörlichen ‹Kampfe der Glaubensbekenntnisse›», schrieb 1899 Ernst Haeckel in seinem Bestseller «Die Welträtsel» (mit dem Nachwort «Das Glaubensbekenntnis der reinen Vernunft»). Haeckel – der «deutsche Darwin» – vertrat offensiv die Meinung, dass eine Erklärung nur dann als legitim angesehen werden kann, wenn ihr das naturwissenschaftliche Plazet erteilt worden ist. «Monismus» nannte er diesen Totalerklärungsanspruch. Und mit dem «Aberglauben», den er anprangerte, hatte er damals in erster Linie das Christentum und Judentum im Visier; heute würde er ohne Zweifel den Islam hinzufügen. Auffallend war, dass das Vertrauen in die Wissenschaft sich als eine neue, eine «monistische Religion» aufspielte.

Ein solches masslos-massives Vertrauen ist oft auch bei den neuen Atheisten zu registrieren, und die Inbrunst, mit der sie ihre Gottlosigkeit verfechten, steht jener der Gottgläubigen in nichts nach – nur dass sie sie als Leidenschaft für die Emanzipation von der Religion interpretieren. Ein Verdacht regt sich: Vielleicht unterscheiden sich eine gottlose und eine gottdurchflutete Welt gar nicht so sehr voneinander. Die Ironie der Geschichte ist, dass nun Wissenschaft und Technik selbst Gott-Surrogate schaffen. Nehmen wir kurz zwei rezente Beispiele unter die Lupe.

Die «Gottes»-Theorie
Unter Physikern gibt es den Glauben an eine finale, alles erklärende «Gottes»-Theorie. Am prominentesten vertreten wurde er vom kürzlich verstorbenen Astrophysiker Stephen Hawking. Hawking stellt sozusagen den vorläufig letzten Vertreter einer grossen Ahnenreihe von theoretischen Physikern dar, die über Einstein, Heisenberg, Dirac, Boltzmann, Maxwell, Laplace bis zu Newton zurückreicht. Sie sind Ideen-Architekten, geniale Verallgemeinerer, Blickveränderer. Im Flickenteppich disparater Phänomene sehen sie ein zugrunde liegendes Muster. Maxwell erkannte zum Beispiel, dass Magnetismus und Elektrizität «im Prinzip» Manifestationen ein und derselben physikalischen Realität sind, des elektromagnetischen Feldes, und ihm verdanken wir eine der elegantesten Theorien der Physik überhaupt. Im 20. Jahrhundert schritten die Vereinigungen voran: Materie und Licht in der Speziellen Relativitätstheorie, Licht und Wärme in der Quantenhypothese des Lichts (aus der sich die Quantentheorie entwickelte), Schwerkraft und Geometrie der Raumzeit in der Allgemeinen Relativitätstheorie. An der Vereinigung von Gravitation und Quantenphysik wird hart gearbeitet. Und damit lockt die Sicht aus der «Got-

tesperspektive», die alle bisher bekannten Grundkräfte des Kosmos unter das Design einer einzigen «letzten» Theorie bringen könnte. Seinen früheren Bestseller «Eine kurze Geschichte der Zeit» beschloss Hawking noch mit den Worten: «Wenn wir die Antwort auf diese Frage (warum es uns und das Universum gibt) fänden, wäre das der endgültige Triumph der menschlichen Vernunft – denn dann würden wir Gottes Plan kennen.» In seinem Buch «Der grosse Entwurf» (2011) liess dann Hawking den alten Designer abtreten und inszenierte eine rein physikalische Weltentstehung.

Jede Kultur hat ihre Kosmogonie. Primitive Kulturen erzählen Mythen, reifere Kulturen verwenden die Philosophie, ganz erwachsene Kulturen pflegen die Wissenschaft. Philosophie überwindet Mythologie und Wissenschaft überwindet Philosophie. Im «Grossen Entwurf» erklärte Hawking die Philosophie für tot, weil sie nichts zum Fortschritt der Wissenschaften beigetragen habe. Stattdessen schwingt er sich nun selbst zum grossen Welterklärer auf. Das Kernkonzept der modernen Kosmogonie stammt aus der Quantenphysik, nämlich die Vorstellung der spontanen Erzeugung von Teilchen aus dem Vakuum (das nicht nichts ist). Eine im Teilchenbeschleuniger durchaus erprobte Vorstellung. Warum sollte man sie also nicht zumindest als Gedankenexperiment auf das Urlabor des frühen Universums anwenden? «Da es ein Gesetz wie das der Gravitation gibt, kann und wird sich das Universum (...) aus dem Nichts erzeugen. Spontane Erzeugung ist der Grund, warum es das Universum gibt, warum es uns gibt. Es ist nicht nötig, Gott als den ersten Beweger zu bemühen, der das Licht entzündet und das Universum in Gang gesetzt hat», schreibt Hawking. Es erstaunt, mit welcher Insistenz Hawking immer wieder das Gesetz der Gravitation bemühte, nicht um physikalische Ereignisse zu erklären, sondern um Gott wegzuweisen. Als ob dies die Hauptaufgabe der Physik wäre.

Spräche Hawkins in seinen Büchern nur von Physik, fände er gewiss nicht den grossen Resonanzraum, den er hat. «Fragen nach Gott und meinem Glauben mag ich nicht», beschied er in einem Interview. Das ist definitiv Koketterie. Letztlich bedient er ein modernes religiöses Bedürfnis. Die Idee der «letzten Theorie» ist keine wissenschaftliche, sondern eine wissenschaftlich verkappte religiöse Idee, nämlich die, Gottes Gedanken selber denken zu können. Monotheismus als Mono-Theorismus.

Der Gott aus der Maschine
Neben der Kosmologie kennt auch die Technologie ein Gott-Surrogat. In gewissen Kreisen der Artificial Intelligence klingt zum Beispiel die Frage «Glaubst du an künstliche Intelligenz» schon fast wie «Glaubst du an Gott?». Und wie in der Religion gibt es auch hier Gläubige und Ungläubige. Das Objekt des Glaubens ist für die Gläubigen die sogenannte Singularität, eine Art von technischem Advent – die Maschinenwerdung Gottes vielleicht. Damit ist ein Entwicklungsstadium der Maschinen gemeint, in dem ihre Fähigkeiten jene des Menschen überholt haben werden und sich in einer Art von postbiologischer Evolution weiter ins Transzendente entwickeln. Der Zeitpunkt dieses Eintretens wird von Gläubigen – nennen wir sie der Einfachheit halber Singularisten – auf Mitte bis Ende dieses Jahrhunderts geschätzt.

Auch hier gibt es einen prominenten Wortführer, Ray Kurzweil, Forschungsdirektor bei Google. Für ihn besteht kein Zweifel, dass die Entwicklung der künstlichen Intelligenz direkt ins Himmelreich führt. Und entsprechend apostolisch tritt er auf. Nur schon der Titel seines Buches «Die Singularität ist nahe» macht – wissentlich oder nicht – Anleihen bei der Bibel, klingt jedenfalls nach «Das Himmelreich ist nahe» (Matthäus 3,2):

> «Die Evolution bewegt sich in Richtung von mehr Komplexität, mehr Eleganz, mehr Wissen, mehr Intelligenz, Schönheit, Kreativität (...) Jede monotheistische Religion beschreibt Gott ganz ähnlich mit solchen Eigenschaften, nur ohne Beschränkung: unendliches Wissen, unendliche Intelligenz, Schönheit, Kreativität (...) und so weiter. Natürlich erreicht selbst das beschleunigte Wachstum der Evolution nie dieses unendliche Niveau, aber dadurch, dass es exponenziell explodiert, weist es (...) in diese Richtung. So bewegt sich die Evolution auf dieses Ideal von Gott zu, ohne es je ganz zu erreichen.»

In dieser Version eines technologischen Theismus schafft nicht Gott den Menschen, sondern die Menschheit entwickelt sich dank Technik auf einen Punkt Omega, auf Gott zu. Das ist natürlich eine Interpretation des Evolutionsprozesses, die total windschief an Darwins Theorie vorbeizielt. Tatsächlich ist sie prädarwinistisch. Die Evolution hat kein Telos – das war ja gerade Darwins bahnbrechende Idee. Wenn nun der Tech-Apostel Kurzweil die Evolution theologisch zurechtbiegt, rezykliert er dadurch gewissermassen Religion als Technologie. In einer bestimmten Hinsicht ist das sehr typisch. Technischer Fortschritt weist nämlich immer eine säkular-religiöse Ambivalenz auf. Er kann bedeuten, dass die weltlichen Lebensbedingungen des Menschen mit technischen Mitteln um des Menschen willen verbessert werden. Das ist die Interpretation der Technik als Entlastung von Plackerei, Beschwerlichkeiten, Leiden mittels Werkzeug und Gerät. Gleichzeitig aber haftet an Technik und Wissenschaft eine religiöse Bedeutung und Erwartung: nicht nur der Entlastung, sondern der Erlösung von «weltlichen», körperlichen Bedingungen, der Befreiung zu einem anderweltlichen «transhumanen» Leben. Von dieser zweiten Bedeutung zehrt die religiöse Rhetorik des technologischen Fortschritts, zumal der Singularisten, bis heute – gerade heute.

Die Naturwissenschaften haben ein spirituelles Loch in unser Welt- und Selbstverständnis gerissen. Es lässt sich aber nicht dadurch stopfen, dass nun Wissenschaftlerinnen und Technologen im hohepriesterlichen Gestus erklären, wie die Welt wirklich tickt und wo Gott wirklich hockt (oder eben auch nicht hockt). Die Frage ist: Soll man das Loch überhaupt stopfen?

Das Spiel verderben
Auf die Ur-Frage «Existiert Gott?» gibt es traditionell drei formale Grundantworten: das «Ja» des Monotheisten, das «Nein» des Atheisten, das «Ich weiss es nicht» des Agnostikers. Alle verbleiben sie aber letztlich im Bannkreis der Ur-Frage, also quasi des Gottes-Spiels. Selbst der Atheist verbleibt in diesem Spiel, und es gibt Atheisten, die eigentlich nur darauf warten, dass ihre Argumente gegen die Existenz Gottes widerlegt würden. Ihr Atheismus ist sozusagen ein Umweg zu Gott. Man könnte sagen, Atheismus sei Monotheismus mit ausgestochenem Zentrum.

Aber die Frage nach der Existenz Gottes ist viel zu «gefangen», zu gott-fixiert. Man könnte ja antworten: Ich begreife die Frage nicht. Ich nenne dies die Antwort des Ungläubigen. Er sagt: Ich betrachte das Glauben-an-etwas – erst recht an etwas Personales – im Bereich des Übernatürlichen nicht als sinnvoll.

Auf diese Weise ungläubig sein bedeutet nicht, dass man an nichts glaubt. Der Ungläubige verweigert einfach das übliche Spiel. Er glaubt, dass das Objekt religiösen Glaubens den Horizont des Menschlichen in jeder Hinsicht übersteigt und jeder Antwortversuch im Grunde eine Anmassung ist. Er erkennt seine kosmische Kleinheit. Darin liegt auch der herkömmliche Sinn von Transzendenz. Religion ist die Hirtin der Transzendenz, von etwas also, das grösser ist, als der Mensch es je zu erfassen vermöchte. Und insofern könnte der Ungläubige sich sogar mit Gott als dem Inbegriff des Unbegreiflichen durchaus anfreunden. Das Transzendente ist definitionsgemäss etwas für uns Unabgeschlossenes, Anderes, nicht restlos Versteh- und Ausdeutbares – ja, mit fortgesetztem Verstehen- und Ausdeutenwollen wächst dieser Rest.

Wir befassen uns hier mit einem alten Thema. Der Mensch nähert sich Gott über den Weg spekulativer Begriffe – und scheitert. Bis ins 17. Jahrhundert zermarterten sich die hellsten theologischen Denker ihre Köpfe, um Gott zu begreifen. Thomas Hobbes war einer der ersten Philosophen, der diesem Verstehenwollen entgegentrat und mahnte, Gott nicht als Gegenstand der Erkenntnis, sondern der Verehrung zu sehen. Hobbes klingt oft wie Wittgenstein drei Jahrhunderte später: Im Bereich des Religiösen fungieren Wörter nicht als Beschreibung von etwas, sie gleichen eher Oblaten, Gebeten oder Lobgesängen. Im «Leviathan» schreibt Hobbes, die Theologen und Philosophen würden sich lächerlich machen, wenn sie über Gott disputieren, statt ihn zu verehren.

Ihre Begriffe «können nicht bezeichnen, was er ist, sondern sollen unser Verlangen bezeichnen, ihn mit den besten Benennungen zu ehren, die uns einfallen. Aber die es unternehmen, von diesen ehrenvollen Attributen auf seine Natur zu schliessen, und ihren Verstand beim allerersten Versuch verlieren, geraten von einer Misslichkeit in die andere, ohne Ende und ohne Zahl, so, wie wenn ein der höfischen Zeremonien unkundiger Mensch, zur Audienz bei einer Person vorgelassen, die höher steht als die Leute, mit denen er gewöhnlich spricht, beim Eintreten stolpert und, um nicht zu stürzen, den Mantel fallen lässt, und, um den Mantel aufzuheben, den Hut fallen lässt, und so durch aufeinanderfolgende Unziemlichkeiten seine Verblüffung und Ungehobeltheit verrät» (Kap. 46).

Russells Teekanne

Wenn das Transzendente etwas ist, das unser Verstehen übersteigt, dann stellt sich allerdings vorgängig noch eine andere Frage: *Ist* dieses Transzendente überhaupt etwas? Und wie existiert dieses Etwas? Eine hartnäckige Unverträglichkeit zwischen Naturwissenschaft und Religion – oder zwischen Atheismus und Theismus – entzündet sich an der Frage nach dieser Existenz, im Besonderen nach der Existenz Gottes. Schön wäre ja, wenn es ein für alle Menschen evidentes Zeichen gäbe, zum Beispiel eine riesige Flammenschrift am Nachthimmel, an einem bestimmten Tag im Jahr wiederkehrend und verkündend «JA, ICH EXISTIERE!»

Bertrand Russell, bekennender Atheist und Nicht-Christ, brachte das Problem einmal in seiner berühmt gewordenen «Teekannen-Analogie» auf den Punkt:

> «Wenn ich behaupten würde, dass es zwischen Erde und Mars eine Teekanne aus Porzellan gäbe, die auf einer elliptischen Bahn um die Sonne kreise, so könnte niemand meine Behauptung widerlegen, vorausgesetzt, ich würde vorsichtshalber hinzufügen, dass diese Kanne zu klein sei, um selbst von unseren leistungsfähigsten Teleskopen entdeckt werden zu können. Aber wenn ich nun daherginge und sagte, da meine Behauptung nicht zu widerlegen sei, sei es eine unerträgliche Anmassung menschlicher Vernunft, diese anzuzweifeln, dann könnte man zu Recht annehmen, ich würde Unsinn erzählen. Wenn jedoch in antiken Büchern die Existenz einer solchen Teekanne bekräftigt würde, dies jeden Sonntag als heilige Wahrheit gelehrt und in die Köpfe der Kinder in der Schule eingeimpft würde, dann würde das Anzweifeln ihrer Existenz zu einem Zeichen von Normverletzung werden. Es würde dem Zweifler in einem aufgeklärten Zeitalter die Aufmerksamkeit eines Psychiaters oder, in einem früheren Zeitalter, die Aufmerksamkeit eines Inquisitors einbringen.»

Meines Erachtens schafft Russells Analogie Konfusion. Die Existenz Gottes fällt nicht in die gleiche Kategorie wie die Existenz einer hypothetischen Teekanne. Die Existenz Gottes ist keine wissenschaftliche Hypothese, für die man nach «evidence» suchen muss. Oder anders gesagt: Die wissenschaftliche und die religiöse «evidence» sind völlig voneinander verschieden. Vielleicht gibt es ja Spuren Gottes, aber ihrer Existenz versichert man sich nicht mit Teleskopen oder anderen Instrumenten der wissenschaftlichen Empirie. Sobald man die Existenz von etwas Übernatürlichem (nehmen wir an, die Teekanne sei so etwas) als wissenschaftliche Hypothese betrachtet, die man beweisen oder widerlegen kann, hat man im Grunde schon das Thema verfehlt. Ich möchte es in Abwandlung eines berühmten Bonmots von Albert Einstein so formulieren: Insofern man mit natürlichen Mitteln (naturwissenschaftlich) etwas «beweist», handelt es sich nicht um Übernatürliches; und insofern man Übernatürliches «beweist», bedient man sich nicht natürlicher Mittel.

Die Offensive der neuen Atheisten gegen die Religion stösst im Grunde ins Leere. Sie beruht auf einem elementaren Irrtum. Religion war nie eine Art von Proto-Wissenschaft, nie bloss ein primitiver Welterklärungsversuch, sie ist keine Sammlung von Hypothesen-Schrott. Diesem Irrtum erlag schon der Positivismus des 19. Jahrhunderts. Auguste Comte, sein grosser Propagandist, war immerhin schlau genug, einzusehen, dass Wissenschaft allein die Religion nicht verdrängt und ersetzt. Um gesellschaftlich verankert zu werden, bedarf sie eines besonderen Kults, der sie auf das verlassene Podest hebt und dort hält: einer «positiven Religion». Comte schrieb 1852 deshalb – ohne Ironie! – einen «Katechismus der positiven Religion» als Basis für den neuen Glauben. Er trug sich sogar mit der Absicht, ein neues säkulares Papstum mit Zentrum in Paris zu errichten – man rate, wen er dabei als positivistischen Pontifex Maximus vorsah.

Zurück auf Feld eins

Und unversehens sind wir wieder auf Feld eins gelandet. Wir sprachen vom Anspruch der Wissenschaft, alles «in» der Welt zu erklären, vom Anfang des Universums bis zur Entstehung des Lebens und dem Erscheinen von Intelligenz und Bewusstsein. Das allein ist schon ein gewaltiges – nicht wenige sagen: überhebliches – Projekt, aber selbst wenn wir es realisiert hätten, bliebe ein Rest. Um es zum Paradoxon zuzuspitzen: Wir hätten alles restlos erklärt, aber das Restlose ist alles. Von welchem aberwitzigen Rest sprechen wir hier?

Ludwig Wittgenstein war ein tief religiöser Mensch. Er sprach jedoch weniger von Gott als von der Welt. Und zwar von der Welt als der Gesamtheit dessen, was der Fall ist. Was der Fall ist, lässt sich auch klar sagen. Deshalb verschrieb sich Wittgenstein in seinem genialen und schwerverständlichen Werk «Tractatus logico-philosophicus» dem waghalsig anmutenden Projekt, den Horizont dessen abzustecken, was sich klar sagen lässt. Dies aber nur mit der Absicht, dem Nichtsagbaren Platz zu machen. Wenn also die Wissenschaften alles beschrieben hätten, was «in» der Welt der Fall ist, dann wäre damit überhaupt noch nichts über die Welt gesagt. Denn die Welt ist nicht etwas, das «in» der Welt der Fall ist. Ihre blosse Faktizität ist kein Faktum, wie etwa dass das Universum über 13 Milliarden Jahre alt ist, sich ausdehnt, ein bisschen mehr Materie als Antimaterie enthält, Galaxien bildet usw. Und damit sind Aussagen über die Welt als Ganzes nur Unsinn.

«Der Mensch hat den Trieb, gegen die Grenzen der Sprache anzurennen. Denken Sie z. B. an das Erstaunen, dass die Welt existiert. Das Erstaunen kann gar nicht in Form einer Frage ausgedrückt werden, und es gibt auch keine Antwort. Alles, was wir sagen mögen, kann a priori nur Unsinn sein. Trotzdem rennen wir gegen die Grenzen der Sprache an.»

Wittgenstein kommt also punkto Welt zum gleichen Schluss wie die skeptischen Philosophen punkto Gott. «An einen Gott glauben, heisst sehen, dass es mit den Tatsachen der Welt noch nicht abgetan ist», lautet ein Tagebucheintrag aus dem Jahre 1916. Gottgläubigkeit und Weltgläubigkeit – das Erstaunen, *dass* es die Welt gibt – sind eins. «Ja» zu Gott sagen heisst «Ja» zur Welt sagen. Und umgekehrt.

Die Irritation «von aussen»
Das hat nichts mit Säkularismus, Positivismus, Szientismus zu tun. Die Grenzen, von denen Wittgenstein spricht, sind im Besonderen andere als zum Beispiel jene Grenzbedingungen am Anfang der Zeit, von denen Physiker wie Hawking sprechen; diese sind ja immer noch «in» der Welt, während jene eben «die» Welt betreffen – also im strengen Sinn Unsinn sind. Trotzdem: Wir rennen, wie wir jetzt sagen können, gegen den Unsinn an. Für die meisten von uns ist das ganze Leben ein Anrennen gegen den Unsinn.

Man muss freilich unterscheiden zwischen Sinn «des» Lebens und Sinn «im» Leben. Wir richten uns recht hübsch und häuslich ein innerhalb von Sinnwandungen. Man kann einen Sinn darin sehen, Grümpelturniermeister oder lokale Schönheitskönigin zu werden, die Fermatsche Vermutung zu beweisen oder den genetischen Code zu knacken, ein guter Lehrer oder Vater zu sein, einen intelligenten Dauerwellenapparat zu bauen oder eine App für Sinnfragen zu entwickeln, für die Menschenrechte zu kämpfen oder Artikel zu schreiben, die wenigstens zwei Leser verstehen. Es kann sinnvoll sein, Sinnfragen mit einer Ohrfeige zu beantworten oder sie wegzulachen.

Heisst das, dass der Sinn des Lebens im Leben liegt? Nicht ganz. Im Hinterhalt all der Antworten auf kleine und weniger kleine Sinnfragen lauert immer die Irritation «von aussen»: Ist das, war das alles? Gibt es nicht noch mehr, anderes? Selbst wer sich in Gewohnheit verbunkert, ist nicht gefeit gegen sie. Ob Spiel oder Ernst, das Fragen und Antworten, einmal in Gang gekommen, findet keinen Abschluss oder vielmehr: Es findet keinen Abschluss im Menschenmöglichen. Aus dem Konflikt zwischen dem Denkbaren (Möglichen) und dem Lebbaren (Menschenmöglichen) bezieht der Sinn des Lebens seinen irritierenden Bann. Er ist die Frage, die all unsere Antworten auswartet. Insofern macht er unser Leben durchlässig für das Letzte, für den Blick vom Standpunkt, der einem Antwort auf all unsere Fragen und Rätsel gewähren würde. Er ist nicht erreichbar. Ob seiner Unerreichbarkeit mag man verzweifeln, philosophische Seminare veranstalten, sich in die Sicherheitsnetze des Glaubens werfen, Meditationsworkshops besuchen, in nihilistischen Furor ausbrechen oder sich mit «verehrender Resignation» (Goethe) gelassen bescheiden.

Wir sind nie säkular gewesen
Wir können den Himmel leerfegen, wir überwinden das Religiöse nicht. Wenn die erste Aufklärung den Menschen mittels wissenschaftlicher Rationalität aus seiner Bevormundung durch Religion zu befreien suchte, müsste eine zweite Auf-

klärung den Menschen nun von der Bevormundung durch wissenschaftliche Rationalität emanzipieren. Keinesfalls in dem Sinn, dass man die Errungenschaften der modernen Wissenschaft in Zweifel zieht, sondern, dass man sie aus der Perspektive des von ihr Verdrängten analysiert. Pointiert gesagt: Man versteht das Projekt Wissenschaft und moderne Rationalität nur von seiner säkular-religiösen Ambiguität her.

Wir vergessen leicht, dass das Religiöse auch einen Boden braucht, den Boden des Profanen. Der Religionswissenschaftler Mircea Eliade wurde nicht müde, darauf hinzuweisen, dass eigentlich dieser Boden selbst schon sakral durchtränkt ist:

«Der profane Mensch bewahrt, ob er will oder nicht, immer noch Spuren vom Verhalten des religiösen Menschen, nur sind diese Spuren ihrer religiösen Bedeutung entkleidet. Was er auch tut, er ist ein Erbe. Er kann seine Vergangenheit nicht endgültig auslöschen, denn er ist selber Produkt dieser Vergangenheit (…) Dies umso weniger, als sich seine Existenz zum grossen Teil von Impulsen nährt, die aus der Tiefe seines Wesens kommen, aus jener Zone, die man das Unbewusste nennt (…) In gewissem Sinn liesse sich fast sagen, dass bei den modernen Menschen, die sich areligiös nennen, (die) Religion sich im Unbewussten ‹okkultiert› (hat) – was auch bedeutet, dass solche Menschen tief in ihrem Innern die Möglichkeit haben, die religiöse Erfahrung ihres Lebens zurückzugewinnen.»

Ich möchte Eliade dahin interpretieren, dass die Entsakralisierung immer auch Rückstände hinterlässt, die sie eigentlich nicht überwindet, sondern verdrängt. Deshalb spreche ich vom «Unbewussten» des wissenschaftlichen Fortschritts. Jede Epoche produziert ihr «Unbewusstes», also ihre religiös-säkulare Ambiguität. Wenn aber dieser Fortschritt immer ein «Unbewusstes» mit sich führt und produziert, dann folgt daraus, dass er eigentlich immer nur zu neuen religiös-säkularen Zuständen führt. Die totale Säkularisierung misslingt. Vielleicht liesse sich in vorsichtiger Analogie zum physikalischen Erhaltungsatz der Energie von einem Erhaltungsatz des Religiösen (oder neutraler: des Spirituellen) sprechen: Es lässt sich nicht vernichten, nur transformieren.

Der säkulare Hintern der Welt

Was fehlt, wenn Gott fehlt? Alles und nichts. Nichts, wenn man Gott als erklärende Instanz in irgendwelchen weltlichen Phänomenen einsetzen möchte oder wenn man nach Gott-Surrogaten sucht. Alles, wenn man Gott als Idee oder Grundahnung interpretiert, dass die Welt noch eine ganz andere Seite hat. «Nicht *wie* die Welt ist, ist das Mystische, sondern *dass* sie ist», schrieb Wittgenstein. Und hier könnte man gleich den Halbsatz des Schriftstellers Ludwig Hohl anfügen: «Dass fast alles anders ist (anders als fast alle Menschen, fast immer, es sich vorstellen)». Ich halte diese Ahnung für tief religiös. Denn sie macht uns empfänglich für die Offenheit, für die Andersheit der Welt, und zwar gegen jedes Bescheidwissen, das mir sagt: So ist die Welt, so läuft sie, so steht es geschrieben, so ist es gesagt worden. Erinnern wir uns an Robert Musils «Möglichkeitssinn»:

> «Wer ihn (den Möglichkeitssinn) besitzt, sagt beispielsweise nicht: Hier ist dies oder das geschehen, wird geschehen,

muss geschehen; sondern er erfindet: Hier könnte, sollte oder müsste geschehen; und wenn man ihm von irgend etwas erklärt, dass es so sei, wie es sei, dann denkt er: Nun, es könnte wahrscheinlich auch anders sein (…) Das Mögliche umfasst (…) nicht nur die Träume nervenschwacher Personen, sondern auch die noch nicht erwachten Absichten Gottes.»

«Das Andere» Hohls und der «Möglichkeitssinn» Musils kennzeichnen unsere Empfänglichkeit für die Brüche und Risse in unseren Gewohnheiten und Geschäftigkeiten, in unseren Doktrinen und Dogmen. Die Spuren des Anderen machen das Wirkliche tief. Und «Tiefe» meint kein Geraune über Absolutes oder Weltengründe, sondern die ganz elementare Erfahrung, dass unser Denken, ja, unser Leben nicht ein für allemal fest gefügt ist, sondern aus den Fugen geraten kann, und dass vielleicht gerade durch die Fugen hindurch – im Unverfugten – der Sinn für eine andere existenzielle Dimension geweckt wird, für die Epizentren des Religiösen in unserem Alltag. Warum nicht das Religiöse als einen besonderen Sinn für diese Weltrissigkeit begreifen? Eine solche Erfahrung gelingt aber nur, wenn wir den Blick vom Übernatürlichen abwenden und im Natürlichen und Sinnlichen, in unseren Körpern beheimatet bleiben. Zu begreifen wäre, dass das Sinnliche und das Übersinnliche, das Natürliche und das Übernatürliche, das Banale und das Sakrale, das Irdische und Himmlische nicht Gegensätze sind. Auch das ist eine Offenbarung.

Säkularismus ist weder Befreiung von Religion noch Religionsersatz; vielmehr eine Zuwendung zur Welt, die den Einspruch ernst nimmt: Die Welt im Ganzen ist mehr, als uns die «entzaubernden» Naturwissenschaften jemals enthüllen werden. Wir haben uns daran gewöhnt, nur den säkularen Hintern der Welt anzustarren und diesen für alles zu halten. Und das ist unanständig, oh ja, das ist verdammt unanständig.

GEORG PFLEIDERER

Welchen Sinn hat es, im Sinne Karl Barths von Gott zu reden?

Welchen Sinn hat es, im Sinne Karl Barths von Gott zu reden?[1]

Georg Pfleiderer

«Was fehlt, wenn Gott fehlt?» Auf diese – gute – Frage soll im Folgenden eine Antwort zu geben versucht werden, die sich einiger Gedanken des Basler Theologen Karl Barth – vor allem aus seiner frühen Zeit vor rund einhundert Jahren – bedient.

1. Was fehlt?

Mit der Metaphorik des «Fehlens» ist auf die moderne, säkulare, wissenschaftsvermittelte Welt- und Wirklichkeitserfahrung angespielt, und zwar in doppelter, geradezu paradoxer Weise. Denn die Moderne ist zunächst und grundsätzlich dadurch charakterisiert, dass in ihr Gott gerade nicht «fehlt». Es gibt keine Stelle in der modernen wissenschaftlichen Wirklichkeitsdeutung, die mit «Gott» zu besetzen wäre. «Gott» ist keine sinnvolle Erklärung für einen einzelnen Vorgang oder Zustand in der Wirklichkeit der Welt oder für diese Welt als Ganze. In der wissenschaftlichen Welterklärung würde die Gott-Hypothese immer viel mehr Fragen aufwerfen, als sie zu beantworten vermöchte. Das liegt u. a. am Voraussetzungsreichtum dieser Hypothese. Zwar könnte es, wie insbesondere im angelsächsischen Raum einige Religionsphilosophen beanspruchen, gelingen, diesen Voraussetzungsreichtum ausreichend klärend zu reduzieren. Aber ein allgemeiner Plausibilitätserfolg dürfte entsprechenden philosophischen Unternehmungen niemals beschieden sein. Gott bleibt in der Welt des Wissens immer wenigstens hochgradig strittig. Auf hochgradig strittige Begriffe muss aber in der wissenschaftlichen Welterklärung wie auch in der gesellschaftlichen Alltagskommunikation einer modernen säkularen Gesellschaft möglichst verzichtet werden.

Genau dieser notwendige Verzicht auf Gott im Rahmen rationaler säkularer Wissenschafts- und Alltagskommunikation erzeugt jedoch bei vielen das Gefühl und Bewusstsein eines «Fehlens». Was der rationalen, säkularen Kommunikation dadurch fehlt, dass in ihr Gott fehlt, fehlen muss, ist die Qualität sinnorientierter Lebensdeutung. Säkulare Kommunikation muss Sinndeutungsfragen, unter Umständen auch Grund- und Grenzfragen der Moral und Ethik, individualisieren und ästhetisieren. Auf die klassischen Letztbegründungsfragen wie «Warum ist überhaupt etwas und nicht vielmehr nichts?» oder «Warum soll man überhaupt moralisch sein?» kann sie entweder keine oder keine allgemein plausiblen und verbindlichen Antworten geben.

Mit einem fast schon geflügelten Wort des Philosophen Jürgen Habermas kann man das, was dieser modernen säkularen Kommunikation fehlt – notwendig fehlen muss –, «Religion» nennen. Religion ist demnach ein grundsätzliches «Bewusstsein von dem, was [in der modernen Vernunft notwendiger Weise] fehlt». Habermas hatte mit dieser markanten Formulierung vor allem die praktische Vernunft im Sinn und deren ontologische Grund- und Grenzfragen: den Schrei und die Klage über das zum Himmel schreiende Unrecht, das vielen Menschen durch Menschen, aber auch durch ein kontingentes Schicksal widerfährt. Wenn man die Leiden der nichtmenschlichen Kreatur in diesen Gedanken einbezieht, wird noch deutlicher als bei Habermas selbst, dass es mit diesem Bewusstsein, von dem, was fehlt, um eine Dimension geht, die präzise an der Leistungsgrenze der praktischen Vernunft liegt, dort, wo deren neuzeitlicher Erfinder Immanuel Kant aus genau diesen Gründen «das Postulat des Gottesgedankens» platziert hatte.

Das kopfschüttelnde Unverständnis, das dieses Postulat bei den meisten heutigen Nachfahren des Königsberger Philosophen auslöst, wurde von den grossen Theologen des 20. Jahrhunderts durchaus, wenn auch aus anderen Gründen, geteilt. In seinem 1925 veröffentlichten Aufsatz «Welchen Sinn hat es von Gott zu reden?» erklärte der Marburger Theologe Rudolf Bultmann, dass jede postulatorisch-hypothetische Redeweise von Gott am inneren Sinn des Gottesgedankens notwendigerweise vorbeigehe. Wer von «Gott» etwa im Sinne der Pascalschen Wette als lebenspraktische Hypothese spricht, hat nicht verstanden, was mit diesem Begriff überhaupt nur gemeint sein kann: der Ausdruck eines absoluten «Müssens», das als solches zugleich die ursprünglichste freie Tat des Menschen ist. Diese Formulierung erinnert an den Vorgänger Bultmanns auf dem Feld neuzeitlich-anthropologischer Theologie Friedrich Schleiermacher, der 100 Jahre vorher Religion als «Gefühl schlechthinniger Abhängigkeit» und den Gottesgedanken als das in diesem Gefühl mitgesetzte Bewusstsein seines «Woher» bestimmt hatte. Von Gott kann somit sachgemäss, darin sind sich beide Existenztheologen einig, nur im Vollzug des Glaubens die Rede sein, welcher der Grundvollzug der Selbstvergewisserung individueller Existenz ist.

Die Urform und der Urakt solcher Vergewisserung ist der genuin religiöse Sprachakt des Gebets. «Was fehlt» also, «wenn Gott fehlt?» Kurz und bündig: das Gebet. Das Gebet als derjenige Sprachvollzug nämlich, in dem wir uns des Grundes unserer Freiheit vergewissern und unsere freie Existenz im Licht dieser Vergewisserung in direkter Anrede an Gott als deren «Woher» auslegen.

2. Karl Barth: Vom Fehlen Gottes – in der Religion

Karl Barths Beitrag zu dieser Fundamentaldebatte um Sinn und Zweck religiöser Rede unter den Bedingungen moderner säkularer Kommunikation ist zunächst ein kritischer. Diese Kritik richtet sich nicht – das ist wichtig – auf die skizzierten Konstitutionsbedingungen moderner säkularer Kommunikation. Die moderne «Entzauberung der Welt» (Max Weber) wird von Barth vielmehr ausdrücklich anerkannt: «Die Gesellschaft *ist* nun beherrscht von ihrem eigenen Logos». Zugleich relativiert er jedoch dieses moderne, säkulare Selbstverständnis aber auch historisch und vor allem theologisch: Zum einen bringe das Eigengesetzlichkeitsprinzip der Moderne und der modernen Gesellschaft nur die mit dem Menschsein überhaupt und immer schon im Prinzip angelegte Autonomie zum Ausdruck; zum andern lege sie die damit verbundene allgemeinmenschliche Tendenz zur Selbstverabsolutierung frei, die sich in der Pluralität der Götter als menschengemachter Götzen bekunde, im notorischen Polytheismus der Moderne mit seiner unüberschaubaren «Reihe von gottähnlichen Hypostasen und Potenzen». Damit sind die grossen neuen Zwangsmächte der Moderne gemeint, insbesondere der Kapitalismus oder der leninistische Kommunismus – gänz ähnlich wie bei Max Weber, der in einer berühmten metaphorischen Formulierung den Aufstieg der neuen Selbstentfremdungsmächte der Moderne ebenfalls als Wiederkehr des Polytheismus beschreibt: «Die alten vielen Götter», so orakelte der nüchterne Soziologe im Revolutionsjahr 1917, «... entzaubert und daher in Gestalt unpersönlicher Mächte, entsteigen ihren Gräbern, streben nach Gewalt über unser Leben und beginnen wieder ihren ewigen Kampf.» Und genau wie Weber ist auch Barth davon überzeugt, dass jene hydraartig-vielköpfige «Eigengesetzlichkeit des gesellschaftlichen Lebens» im gegenwärtigen «Revolutionszeitalter» (1919!) nicht etwa überwunden und von ihren selbstzerstörerischen Tendenzen befreit werde, sondern in diesem verschärft zum Ausdruck kommt und darin «unerbittlich fortwirk[t]».

Darum aber – und hier trennt sich Barths Weg von dem des grossen Soziologen – bedarf es schon zur rechten Erkenntnis der Weltlichkeit der Welt und viel mehr noch zum rechten Umgang mit ihr des Schöpfens aus einer anderen Einsichtsquelle als der allgemeinen modernen Lebenserfahrung oder ihrer Verstärkung durch den tiefensoziologischen Röntgenblick. Denn jede innerweltliche Erfahrung und noch so weltfromme «innerweltliche Askese» (auch und gerade die berühmte reformiert-protestantische!) ist immer schon insgeheim von der Selbstverabsolutierung des Endlichen, vom prometheisch-verzweifelten Drehen im Hamsterrad des revolutionären ‹human Self-Enhancement› kontaminiert. Ein echtes, wahrhaftes Weltlichkeits- und Endlichkeitsbewusstsein und vor allem ein angemessenes lebenspraktisches Verhältnis dazu vermag die moderne Vernunft, so ist Barth überzeugt, nicht aus sich selbst hervorzubringen. «Der Erde treu [zu] bleiben», wie Nietzsche wollte, gelingt dem Menschen gerade nicht; denn «der Übermensch ...» ist eben nicht, wie das Basler Philosophengenie gepredigt hatte, «... der Sinn der Erde», sondern ein immer schon misslungener Fluchtversuch ins vermeintlich Extra-Terrestrische.

Barth ist überzeugt: Zur wahren Erkenntnis der Weltlichkeit der Welt und zum adäquaten Leben als endliches Geschöpf bedarf es einer Erkenntnis, die in ihrer inneren Struktur von dieser «condition humaine», von der sich vollkommener Passivität verdankenden Freiheit, geprägt ist. Der Erkenntnisort dieser Tiefenstruktur des menschlichen Lebens ist ihrer Logik gemäss ein zutiefst partikularer: das Kreuz von Golgatha. Weltlicher als es am Kreuz von Golgatha und auf dem Weg dorthin zugegangen ist, kann es in der Welt nicht zugehen. Indem das Heilige selbst sich profaniert hat, ist die religiöse Grund- und Leitdifferenz von «heilig» und «profan» aufgehoben. Seither «fehlt» Gott in der Welt. Barths Grundgedanke, den er insbesondere in seinem Römerbriefkommentar von 1922 praktisch auf jeder Seite dem Leser mit geballter rhetorisch-theologischer Wucht an den Kopf wirft, ist die Einsicht vom Tode Gottes, des Gottes jedoch, der als transzendent weltüberlegender, selbst a-pathischer Gott Gegenstand religiöser Sehnsucht und Verehrung sein könnte. Nichts ist toter als Gott, nämlich als der Gott der Religion, solcher Religion, und nichts ist sinnloser als solche religiöse Rede des Gebets: Gebete sind, je frömmer sie zu sein versuchen, desto mehr nichts als Selbstgespräche des Menschen. «Was fehlt, wenn Gott – uns – fehlt?» Nur die Religion, und die soll fehlen.

3. Von der Freiheit Gottes und dem Gebet um den rechten Glauben

Wie ist dieses fundamentale Paradox religiöser Rede – denn darum handelt es sich – aufzulösen? Nicht religiös, nur theologisch. Nämlich theo-logisch. Gefunden werden muss eine theologische Sprache, welche die fundamentale Selbstsäkularisierung Gottes von Golgatha zum Ausgangspunkt ihres Sprechens von Gott macht. Als genau diesen Sprachvollzug versteht Barth das ‹Evangelium› des Paulus, der «Christus nach dem Fleisch nicht mehr kennt» und nicht mehr kennen will, – weshalb er ihn den meisten anderen neutestamentlichen Autoren, insbesondere den synoptischen Evangelien, vorzieht. In seinen Römerbriefkommentaren sucht Barth die paulinische Rede von dem gekreuzigten, aber als gekreuzigten auferstandenen Gott in Christus mimetisch nachzubilden und als An-Rede an die säkulare Menschheit und Gesellschaft seiner Zeit auszuführen. Die Grundbotschaft ist die besagte: Nicht die moderne Wissenschaft, sondern wahrhaftig und eigentlich der christliche Glaube, der Golgatha- und Osterglaube, macht die Welt wahrhaft zur weltlichen Welt, die als solche die Welt Gottes ist. Das ist die Botschaft der Freiheit, einer Freiheit von allen falschen Autoritäten nämlich, nicht zuletzt, sondern zuerst – von allen religiösen und quasireligiösen Autoritäten. Eine Freiheit zu sich selbst: zur Freiheit eines endlichen, leiblichen, sterblichen Geschöpfes unter endlichen, leiblichen, sterblichen Geschöpfen, die gerade als solche unveräusserliche, unantastbare Würde besitzen.

Diese Freiheit ist eine solche, die sich in jedem Atemzug ihrer Verdanktheit aus Gott bewusst ist. Faktisch vermag sich diese Freiheit darum nur in der permanenten Revolution gegen die eigene Tendenz zur religiösen Gerinnung, Verdichtung zu behaupten. Sowohl individuell als Habitualisierung des Glaubens zur Sonntagsfrömmigkeit als auch kollektiv als Institutionalisierung zur kirchlichen Organisation, steht der Glaube in ständiger Gefahr zur religiösen Selbstpervertierung. Gerade dort, wo der fromme Besitzanspruch auf den rechten Glauben und den wahren Gott am lautesten wird, «fehlt Gott» am meisten. Er lässt sich in der Welt nicht religiös repräsentieren, nicht vom «vicarius Christi» in Rom, nicht von frommen Gebetsgruppen, nicht von solide verwalteten evangelischen Landeskirchen und schon gar nicht von grossen Bischofskreuz-Klunkern auf den selbstentworfenen Kostümen protestantischer Kirchenfürstchen. Gott ist schlechthin frei. Er «... kann ...», schreibt Barth 1932, «... durch den russischen Kommunismus, durch ein Flötenkonzert, durch einen blühenden Strauch oder durch einen toten Hund zu uns reden». Heute mögen Gottes Sprachmedien andere sein: womöglich eine der vielen verlogenen Twitterbotschaften des amerikanischen Präsidenten, vielleicht die von Ganoven ferngesteuerte, ausgestreckte Hand der bettelnden Romafrau vor dem Supermarkt, vielleicht die fünfte dumme Frage im theologischen Seminar oder mein wiederkehrender Alptraum, in dem ich vor irgendwas weglaufen will, mich aber nur schneckenlangsam bewegen kann ... «Was fehlt, wenn Gott fehlt?» Das Gebet um den rechten Glauben: «Ich glaube, Herr, hilf meinem Unglauben!» Nur wenn und insofern mein Glaube, die Religion und ihre grossen und kleinen Repräsentanten *diesen* Glauben glaubhaft bekunden, besteht eine realistische Chance, dass in ihnen Gott nicht fehlt, sondern da ist und in ihnen heilsam für andere und unsere Welt heute wirksam wird. Dass Gott genau das nicht nur als vage Chance in Aussicht gestellt, sondern vielmehr fest versprochen hat und mit diesem Versprechen allen unseren Glaubens- und Verstehensversuchen immer schon gnädig zuvorgekommen ist, können wir von Karl Barth lernen.

---

1   Der Artikel wurde in leicht veränderter Form bereits publiziert in der Broschüre: Karl Barth Magazin 2019. Gott trifft Mensch, hrsg. vom Reformierten Bund in Deutschland, Hannover 2019.

IRIS MACKE

Perspektivwechsel

Perspektivwechsel[1]

Iris Macke

Advent heisst Warten
Nein, die Wahrheit ist
Dass der Advent nur laut und schrill ist
Ich glaube nicht
Dass ich in diesen Wochen zur Ruhe kommen kann
Dass ich den Weg nach innen finde
Dass ich mich ausrichten kann auf das, was kommt
Es ist doch so
Dass die Zeit rast
Ich weigere mich zu glauben
Dass etwas Grösseres in meine Welt hineinscheint
Dass ich mit anderen Augen sehen kann
Es ist doch ganz klar
Dass Gott fehlt
Ich kann unmöglich glauben
Nichts wird sich verändern
Es wäre gelogen, würde ich sagen:
Gott kommt auf die Erde!

Und nun lesen Sie den Text von unten nach oben!

---

1 Das Gedicht wurde bereits publiziert in: Der Andere Advent 2018/2019, Verein Andere Zeiten, Hamburg, www.anderezeiten.de.

HEDY BETSCHART

Ein Stück Brot

Ein Stück Brot
Hedy Betschart

Als die Mutter Kind ist, läuft die Zeit in Kreisen. Das Kirchenjahr. Die Jahreszeiten. Wiederkehrend, immer gleich. Die Kreise überschneiden sich. Frühling, Sommer, Herbst und Winter. Advent, Palmsonntag, Ostern, Fronleichnam, Maria Himmelfahrt, Allerheiligen, Allerseelen. Ein bäuerliches, ein karges Leben. Die Eltern mit vierzehn Kindern. Zwei weitere sterben bei der Geburt. Gott gibt und Gott nimmt. Die beiden toten Geschwister hat die Mutter nicht gekannt. Aber dreizehn hat sie ja noch.

Das kurze tägliche Tischgebet. «Komm Herr Jesus, sei unser Gast und segne, was du uns bescheret hast». Genügend Nahrung für alle ist keine Selbstverständlichkeit. Dankbarkeit für Speis und Trank. Die Ehrfurcht vor dem Brot. Gebacken wird daheim, im Backhaus, der Brotteig in der grossen Wanne angerührt und geknetet. Zum Abschluss die Früchtekuchen im Ofen. Apfel, Zwetschgen, Kirschen, was die Jahreszeit gerade bereithält. Die frischen Brote werden im ungeheizten Stübli oder im Keller gelagert. Zum Abendbrot Rösti. Dazu Milchkaffee. Für die Kleinen manchmal Milchreis, mit Zimt und Zucker überzogen, ein Festessen. Ab und zu Käse und Brot statt der Kartoffeln. Ein grosser, dunkler Laib Brot liegt in der Stube auf dem Tisch, an dem die Erwachsenen essen. Die Segnung des Brotes, vor dem Anschneiden. Mit dem Daumen zeichnet Mutters Mutter drei Kreuze auf die Brotunterseite, «im Namen des Vaters, des Sohnes, des Heiligen Geistes». Dann drückt sie den Brotlaib an ihren Bauch, nimmt das Messer

Ein Stück Brot

zur Hand, stützt den Daumen auf das Brot und schneidet dicke Scheiben ab, für jedes Kind eine, für den Vater zwei. Sonntags, nach dem reichhaltigeren Essen, das ausführliche Beten: ein Vaterunser, ein Ave Maria, manchmal ein ganzer Rosenkranz. Ein nicht enden wollender Sermon. Wie froh ist die Mutter, wenn die Erwachsenen endlich das erlösende Amen sprechen, das sie von Tisch und Stuhl und Andacht befreit. Am Sonntag natürlich der Gang zur Messe. Erst danach das Essen mit Fleisch und buttrigem Kartoffelbrei. Mutters Mutter formt akkurate Windungen in den aufgetürmten Kartoffelberg. Immer linksgedreht (das ist wichtig!), führen die Kurven hinauf bis zum Gipfel, wo ein Büschel Petersilie oder eine eingelegte Kirsche steckt. Jeden Sonntag für alle der Kirchgang. Aber nicht für jedes Mitglied der Familie der gleiche Gottesdienst. Für die Frauen die Frühmesse, denn sie müssen zeitig wieder zu Hause sein, müssen den Herd einheizen und das Fleisch und den Kartoffelbrei kochen. Die Männer gehen zur Neun-Uhr-Messe. In der Familie so viele Frauen und so wenige Männer. Wenn der Vater mit den drei Söhnen zur Messe aufbricht, kommen die Mutter und ihre elf Töchter schon aus der Kirche zurück. Unter der Woche der gemeinsame Besuch der Frühmesse, die Kinder vor der Schule, die Erwachsenen nach der ersten Arbeit im Stall oder in der Küche. Mutters Vater ist Bauer. Aber seine Leidenschaft gilt den Büchern und der Politik. Er übt das Amt des Waisenrates und des Schnapsvogtes aus. Er sitzt für die Schweizerisch-konservative Volkspartei im Gemeinderat und im Kantonsparlament. Lange Jahre ist er Gemeindepräsident im Dreitausendseelendorf. Noch Jahrzehnte nach seinem Tod wird die Mutter im Dorf als «eini vo s'Präsis» begrüsst. Der bescheidene Hof und das karge Auskommen, die Landarbeit, der tiefe Glaube, das Kirchenjahr, die Natur und die Naturgewalten, das Teilen mit den unzähligen Geschwistern prägen das Kinderleben der Mutter.

Im Mai 1961 heiratet die Mutter. Sie ist jung und hat übergrosse Angst vor dem Kinderkriegen. Ihr ebenso junger Mann versichert ihr immer wieder, dass sie nicht allein ist, dass sie es gemeinsam schaffen werden. Doch das kann die Mutter nicht beruhigen. Sie sucht den Pfarrer auf und fragt ihn um Rat. Was die katholische Kirche in einem Fall wie ihrem erlaube, will sie von ihm wissen. Das Wort «Verhütung» wagt sie nicht auszusprechen oder kennt es vielleicht gar nicht. Der Pfarrer empfiehlt die Kalendermethode. Doch die erweist sich als untauglich – die Mutter erwartet zu diesem Zeitpunkt bereits ein Kind. Sie bringt es ohne Komplikationen zur Welt. Genauso wie die drei anderen, die noch folgen werden.

Das Leben und Denken der Mutter richten sich nach der Lehre der katholischen Kirche. Was der Pfarrer predigt, was der Papst sagt, was im «Sonntag», der katholischen Wochenzeitschrift, steht, das gilt für sie. Ohne, dass sie darüber nachdenken, ohne dass sie es je hinterfragen würde.

Oft sagt sie: «Es ist Gottes Wille» oder «Man darf dem Herrgott nicht ins Handwerk pfuschen».

Für die Tochter ist der starke Glaube der Mutter ein Hindernis. Gespräche prallen an den Glaubenssätzen ab. Der Glaube ein Dogma, dem mit Argumenten nicht beizukommen ist. Die Mutter manchmal stur, manchmal auch dumm, weil sie nicht denkt, nicht denken will, nicht zu denken braucht, sie hat ja ihren Glauben. So ärgert sich die Tochter. Manchmal kippt der Glaube der Mutter ins Abergläubische. Doch das ist nur für die Tochter ein Widerspruch. Vielleicht, nein, sicher denkt die Tochter mehr über den Glauben der Mutter nach als diese selbst.

Ihre bäuerliche Herkunft hat die Mutter menschenscheu gemacht. Sie ist misstrauisch, hegt Vorurteile. Vertrauen hat sie nur zu ihrem Mann und ihren Kindern. Doch wenn ein Mensch auf die Mutter zugeht, so geschieht ein Wunder. Jedes Mal. Augenblicklich verwandelt sich Misstrauen in Nächstenliebe, wird die Mutter weich und offen. Plötzlich liebt sie die Menschen und verströmt so viel Wärme, dass es für alle reicht. Die Menschen suchen oft ihr Ohr und ihren Rat. Die Mutter hört immer zu. Sie weist niemanden ab, alle rühren ihr Herz. Am meisten die Kinder und die Tiere. Mit ihnen spricht sie auf eine Weise, wie andere nur mit Erwachsenen sprechen, voller Achtung und Respekt. In den Kindern und den Tieren erkennt die Mutter die Schöpfung und das Leben.

Der Glaube macht aus der kleinen, bescheidenen Mutter eine starke Frau. Sie nimmt das Leben hin, stoisch, sicher und ruhig wie ein Fels in der Brandung. Mit derselben Unbeirrbarkeit glaubt die Mutter an ihre Kinder. Ihre Liebe ist tief und unerschütterlich. Nicht ein einziges Mal zweifelt die Mutter, immer ist sie sicher, dass ihre Kinder im Leben das Richtige tun. Sie liebt sie auf eine einfache, urwüchsige Weise, segnet sie, bevor sie aus dem Haus gehen, tunkt den Daumen ins Weihwassergefäss und zeichnet ihnen ein Kreuz auf Stirn, Mund und Brust. Morgens vor der Schule und abends vor dem Einschlafen. Und diese Liebe, die sich in ihrer Unerschütterlichkeit nicht von ihrer Liebe zu Gott unterscheidet, eröffnet der Tochter doch noch einen Weg, einen Zugang zur Mutter. Mutter und Tochter sind nicht mit Worten verbunden. Sie sind es mit dem Herzen.

Inzwischen 84-jährig, ist die Mutter winzig klein und zerbrechlich geworden. Mit jedem Tag verschwindet sie ein bisschen mehr. Aber noch ist sie da. Was ist, wenn sie sterben wird? Was fehlt, wenn die Mutter fehlt? Wenn die Mutter fehlt, dann fehlt die Liebe. Und wenn die Liebe fehlt, dann fehlt Gott. Stirbt die Mutter, dann stirbt auch Gott. Dann wird es Aufgabe der Tochter sein, ihn wieder zum Leben zu erwecken. Indem sie in die Fussstapfen der Mutter tritt und den Menschen gibt, was die Mutter ihnen gegeben hat. Liebe. Vertrauen. Heimat. Ein offenes Ohr. Oder ein Stück Brot.

NICOLE BOLLER

Alltagsmenu

Alltagsmenu

Nicole Boller

Wenn Gott fehlt,
musst du dich selbst
um die realen Dinge
dieser Welt kümmern.

Und falls dir Gott
Kraft und Nahrung ist,
dann gilt dasselbe
erst recht.

HANS ULRICH HAUENSTEIN

Ein Gespräch unter Geschwistern

Ein Gespräch unter Geschwistern
Hans Ulrich Hauenstein

1
Was denkst du?
Nichts.

2
Es ist lange her, mehr als ein halbes Jahrhundert.

Sei nicht pathetisch. Es sind sechsundfünfzig Jahre.

Das ist beinahe die Zeit, die ich jetzt hinter mir habe.

3
Er war ein starker Mann.

Unsere Mutter hat oft gelitten wegen ihm. Er war launisch. Manchmal hat er tagelang geschwiegen. Sie hat das zermürbt und zu diesem unbeholfen-trotzigen Widerstand verleitet, der mir so viel Mühe gemacht hat. Ihn muss das zur Weissglut getrieben haben und zum schlechten Gewissen. Ein explosives Gemisch. Wer hält das aus?

4
Ich habe Briefe von ihm gefunden, Briefe an seine Kollegen, in denen er einen neuen Arzt am Ort verhindern wollte. Ein arroganter Sack, würde ich heute sagen. Dieser Dünkel.

Machst du's besser? Anders?

Auf der andern Seite: Da gab es dieses Foto. Es hing neben dem Schreibtisch, demselben, an dem *ich* jetzt manchmal arbeite. Der stand unten im Büro, neben dem Labor. Auf der Schreibfläche lag eine dunkelgrüne Kunststoffauflage mit einem dumpf-warmen Geruch, in den Schubladen, die ich als Kind manchmal heimlich öffnete, verlockende Gegenstände: Stempelkissen, ein vierfarbiger Druckbleistift aus Metall, ein kleines Messer.

Du verlierst dich.

Ja, das Foto. Es hing dort in einem Silberrahmen und zeigte ihn in einem saalartigen Raum, vielleicht einem Spitalzimmer. Er stand da mit angewinkeltem rechtem Arm, den linken darauf gestützt, die Hand am Kinn, nachdenklich, hochkonzentriert, mit diesem Blick, den ich nur von Ärzten kenne.

Ach ja?

Ja. Der Blick eines Menschen, der dreifach präsent ist: bei sich selbst, beim Gegenüber als Objekt seiner Kunst und bei der Diagnose, die wie in einem Regelkreis hin und her oszilliert.

Das «Gegenüber» war in diesem Fall ein untersetzter, hemdsärmeliger Mann mit Halbglatze, der sich gerade mit dem Arzt vor ihm unterhält. Ich erinnere mich.

Vielleicht ein Patient? Ich erinnere mich an das Vertrauen zwischen den beiden Männern. Das Bild macht es seltsam sichtbar: eine distanzierte, sachliche, hierarchische, aber vollkommen gewaltlose, freundliche Männerbeziehung. Schon damals hat sie mich – als Beobachter – in Beschlag genommen. Wo das Bild wohl geblieben ist?

5
Ich sehe ihn lebend und mit mir verbunden. Und ich sehe ihn tot und getrennt von mir. Lebend sitzt er auf dem Sessel in der Stube.

Der steht noch immer am selben Ort.

Ja, beim selben Tisch auf demselben ausgetretenen Teppich. Der Tisch ist weiss gedeckt, mit Tischtuch und Sonntagsgeschirr. Ich stehe neben der Stuhllehne. Die war damals sehr hoch. Heute ist sie geschrumpft, wie alles in diesem Haus. Er nimmt mich hoch, setzt mich auf seinen Schoss. Der Sonntag verschmilzt mit dem Licht des Feiertags, dem Frühstücksduft, dem weissen Tuch, und mit einer Fotografie, die eine ähnliche Szene im Garten zeigt.

Und vielleicht eher ein Schlüssel ist zu all dem als diese angeblichen Erinnerungen. Es sind die äusseren Bilder viel mehr als die inneren, die unsere Herkunft und Geschichte bestimmen.

Schön gesagt. Aber er hält mich fest. Ich spüre es, jetzt noch. Dann sehe ich ihn im Bett liegen. Sein Kopf ist mit einem Verband umwickelt, der, wie ich erst später erfahre, den

Kiefer schliessen soll. Stimmen gehen durcheinander. Es ist Unruhe in diesem Zimmer, in dem die Mutter heute immer noch schläft, im selben Bett, aber, seit er tot ist, auf seiner Seite. Ich stehe am Rand, damals schon der verdatterte Beobachter, der ich immer noch bin. Ich bin eine Frage. Ich erhalte keine Antwort.

Vielleicht gibt es keine.

6
Er kam nach Hause von einem Spaziergang und dann starb er mit unserem kleinsten Bruder im Arm. Hast du mir erzählt.

Ja, so war es.

7
Er hat dich vergöttert, deine Klugheit, deinen Charme. Manchmal, so hat die Mutter erzählt, ging er einfach weg mit dir, seiner geliebten Tochter. Diese Eifersucht.

Die mein Leben verwüstet hat. Die sein Tod nur verwandelt hat in ein Netz von zugeteilter Schuld und ohnmächtiger Wut. Dass er nicht mehr da war, war nicht, ist nicht, oder nicht nur, an sich schlimm. Sondern, dass ihn jemand getötet haben muss. Vielleicht ich.

8
Da waren diese Gegenstände im Haus: eine hellblaue Blechbüchse mit Blumenmotiven auf dem Deckel, darin ein Zigarettenpäckchen.

Parisienne gelb ohne Filter. Ein tödliches Gift.

Hätte er als Arzt ja vielleicht wissen müssen.

Vielleicht hat er's.

Und eine seltsame Holzdose mit kaputtem Griff und einer seiner gebrauchten Pfeifen darin. Im Kopf angekohlte Tabakreste und am Mundstück Spuren seiner Zähne. Wenn ich sie heimlich in den Mund nahm, spürte ich die Spuren und schmeckte den erkalteten Rauch. Leben und Glut, aber erloschen.

Mein Gott, geht das nie ohne Metaphern?

Dann die Schuhe auf der Dachbodentreppe, ausgetreten und ausgeformt von seinen Füssen. Immer wieder habe ich sie anprobiert. Immer waren sie zu gross. Ebenso die Kittel, die heute noch im Schrank hängen, die mit den ausgestopften Schulterpartien, die mich zum Miniaturclown machten, wenn ich sie anzuziehen versuchte.

Nach sechsundfünfzig Jahren hängen sie da, als käme er zurück, gerade jetzt, und machte die Schranktür auf und zöge sich an, die Hose im Stil der späten fünfziger Jahre, das wollene Jackett, Hut und Handschuhe.

Die aus dem hellen, von schwarz gewordenen Schweissflecken entstellten, die Gestalt seiner Hände noch nachformenden Leder, ja, die er, ganz feiner Herr, angeblich immer zum Autofahren trug. In einer der Jackett-Taschen habe ich einmal einen Knopf aus Horn gefunden. Oder aus Knochen, ich weiss es nicht. Er gefiel mir nicht besonders, aber er passte gut ins Portemonnaie, und so habe ich ihn lange mit mir herumgetragen. Oder sie: diese Reliquie.

Du scheinst nicht ganz verschont geblieben zu sein von deinem Beruf, mein Lieber.

9
Es geht nicht um das Ding an sich. Und vergiss den Königsberger, wenn ich das so sage. Denn in seinem Sinn könnte es sehr wohl darum gehen.

Klugscheisser.

Danke. Es geht darum, wie und womit diese Dinge aufgeladen sind. Einmal gab mir die Mutter einen Malpinsel mit in die Schule, einen dieser schmalen aus hellem, rundem Holz mit dem borstigen Ende, du weisst. Sie nahm ihn aus der Schublade der Kommode, in der sie immer noch ihre Schätze aufbewahrt, auch die eng beschriebenen Liebesbriefe mit diesem klischeerosaroten Bändel darum, und sagte: Pass gut darauf auf, der ist noch vom Papa. In der Schule hat ihn dann einer genommen und kaputt gemacht. Es war das erste und letzte Mal, dass ich in einem Schulzimmer geweint habe. Die Lehrerin meinte es gut und gab mir einen Pinsel aus dem Schulvorrat. Sie hat nichts begriffen. Die Tränen galten nicht dem Gegenstand, sondern der Unwiederbringlichkeit, dem Versagen angesichts der Pflicht, diesem Leben noch nach seinem Ende gerecht zu werden.

Diesem Leben? Oder dem, das von ihm so im Stich gelassen wurde, dem der Mutter und ihrer Schatztruhe?

Wo ist der Unterschied?

10
Einmal habe ich von ihm geträumt, ein einziges Mal in all den Jahren, vor noch nicht allzu langer Zeit. Wir waren in der Stube und die Mutter sagte, unruhig, aufgeregt: Der Vater kommt zurück. Dann kam er zu dieser Stubentür herein, die man heute noch fest zuziehen muss, damit sie schliesst, und die mit einem kleinen Sprung aufgeht, wenn man sie öffnet, und allen war klar: die Frage «Wo warst du die ganze Zeit?», die auf einmal den Raum elektrisch auflud, war verboten. Er hätte darauf keine Antwort gegeben. Mir war es recht. Seine herrische Verschlossenheit gefiel mir. Er stand vor mir, musterte mich, ernst, genau, abwartend. Ich wusste, ich bekäme keine Antwort, und stand da, in meinem Faraday'schen Käfig, der mich vor dem Fragen bewahrte, und schaute zurück, fest und gerade und sah, ich hatte bestanden. Er war mein Vater, ich war sein Sohn.

11
Fehlt er dir?

Nein, keine Stunde meines Lebens, nicht, soweit ich zurückdenken kann. Aber ich denke oft an ihn, praktisch täglich. Ich denke, dass er da war.

Er hat dich gezeugt.

Ja, er war da, bevor ich da war. In einem Augenblick grosser Lust hat er seinen Teil dazu beigetragen, dass ich lebe, und noch mehr: dass ich *so* lebe. Er hat mich geformt, ist in mir Fleisch geworden und ich trage seine Hände mit mir, seine Augen, und mehr noch: deren Bewegung, deren Blick.

Inkorporation: Trauernde erleben das, wenn sie gedankenlos Haltung und Gestik von Toten einnehmen.

Ist das dasselbe wie Inkarnation? Das solltest *du* wissen.

Sollte, ja. Ausser diesen Post-Mortem-Prägungen hat mich das Fehlen selbst geprägt. Diese chronische Abwesenheit. Dieses Anwesendsein im Fehlen. Es zeigt sich in meinem mangelnden Sinn für Autoritäten, auch der göttlichen, und vielleicht in meinem Unvermögen, enge Bindungen einzugehen, auch religiöse.

Klingt heroisch.

Ja, aber in Wirklichkeit ist es einfach, was es ist, manchmal Kraft, manchmal Elend, ein Teil meines Daseins, zu dessen Gutheissen ich nie befragt worden bin.

Spricht jetzt ein Meister aus Deutschland?

Gott bewahre.

12
Fehlt er dir?

Nein. Aber fehlte sein Fehlen, könnte ich nicht mehr leben.
Nicht so.

SAMUEL CLEMENS HERTZHAFT

Was bleibt, wenn Gott fehlt

Was bleibt, wenn Gott fehlt

Samuel Clemens Hertzhaft

Es ist Abend im einundzwanzigsten Jahrhundert. In einem weder stilvollen noch funktionalen Ambiente halten sich zwei Personen auf. In unserer Versuchsanordnung bezeichnen wir sie mit den Buchstaben F und M. Person F steht am Fenster und schaut in die Dämmerung hinaus, jedoch ohne am Horizont den Planeten zu bemerken, der gerade untergeht. Einzelne Wolken gleiten vorüber. Person M liegt im Vordergrund auf einem Möbelstück, das von Le Corbusier entworfen worden sein könnte, und liest. Die Bedeutung der Buchstaben bleibt ebenso offen wie das Fenster. Es entspinnt sich der folgende Dialog.

M. Preisfrage: Was fehlt, wenn Gott fehlt?

F. Wie bitte? Sag das nochmal.

M. Was fehlt, wenn Gott fehlt.

F. Das fragst du mich?

M. Es steht hier.

F. Ach so, das hast du in deiner Zeitung gelesen.

M. Nein, in einer Illustrierten. Es ist eine Preisfrage: Was fehlt –

F. Wenn Gott fehlt?

M. Ja.

F. Hm, lass mich überlegen … Gott vielleicht?

M. Haha. Treffer.

F. Was willst du, ist doch logisch.

M. Es ist eine Preisfrage. Du kannst mit der Antwort Geld gewinnen.

F. Und wer fragt so etwas?

M. Die Kirche.

F. Ach so, verstehe. Die wissen die richtige Antwort natürlich.

M. Ich glaube nicht, dass sie sie schon wissen. Sonst würden sie kein Geld dafür ausgeben.

F. Aber wer kennt sich mit dem Thema aus, wenn nicht die Kirche?

M. Ich nehme an, sie wollen, dass du über das Thema nachdenkst.

F. Ich?

M. Nicht du allein. Alle, die sich dafür interessieren.

F. Für die Kirche?

M. Nicht unbedingt, nehme ich an. Für die Frage.

F. Für Gott?

M. Wahrscheinlich auch. Sie möchten das Thema ins Gespräch bringen.

F. Das Thema Gott?

M. Genau.

F. Sie möchten es ins Gespräch bringen, und ich soll jetzt für sie darüber nachdenken?

M. Nein, nicht für die Kirche. Für dich selber sollst du nachdenken.

F. Und dafür wollen sie mir Geld geben?

M. Nein, erst musst du den Preis gewinnen.

F. Einen Preis fürs Nachdenken? Haben sie denn keine Theologen mehr, die sich auskennen?

M. Das kann ich mir kaum vorstellen. – Sie meinen wahrscheinlich, auch gewöhnliche Leute sollen sich für Gott interessieren.

F. Weil er sonst fehlt?

M. Interessanter Gedanke. – Nein, ich glaube, weil sie meinen, dass Gott wichtig ist.

F. Damit wäre die Frage ja schon beantwortet.

M. Wie meinst du das? Welche Frage?

F. Was fehlt, wenn Gott fehlt. Wenn er fehlt, weil sich niemand für ihn interessiert, gibt es keine Kirche mehr. Das können sie nicht wollen. Sie leben ja davon!

M. Haha. Ich weiss nicht, ob sie das auch so sehen.

F. Nein, im Ernst: Ich kann schon verstehen, wenn manche Leute finden, dass Gott fehlt. Wenn er da wäre, würde er nicht zulassen, dass so viel Leid und Unrecht geschieht in der Welt.

M. Ja, das hört man oft. Es ist wohl auch etwas daran.

F. Gott ist doch gerecht und gut und liebt die Menschen, oder nicht?

M. Ich denke, damit hast du nicht unrecht. Das denkt die Kirche auch. Das denken vermutlich die meisten Menschen, die an einen Gott glauben.

F. Aber warum setzt dieser Gott sich nicht durch, wenn er doch das Gute will?

M. Frag mich nicht. So etwas musst du die Kirche fragen.

F. Dass ich nicht lache. Die machen dann eine Preisfrage daraus und fragen die Leute selbst.

M. Ja, und warum nicht? Die Kirche, das sind doch am Ende die Leute selbst.

F. Also gut, dann frage ich dich: Warum setzt Gott sich nicht durch, wenn er doch allmächtig ist?

M. Die Kirche würde wahrscheinlich sagen: Gottes Ratschluss ist unerfindlich – wir können ihn nicht verstehen.

F. Damit machst du es dir jetzt aber sehr leicht. Ein Theologe bist du offensichtlich nicht, dem würde sicherlich etwas Besseres einfallen.

M. Sag das nicht: Deus absconditus, sagt Martin Luther.

F. Das ist Latein, oder nicht? Ich dachte, er hätte die Bibel ins Deutsche übersetzt.

M. Hat er auch! Gott ist verborgen, wollte er sagen. Aber nicht zu den Leuten, sondern zu den Theologen. Er wollte es in einem wissenschaftlichen Begriff ausdrücken. Für die Fachleute.

F. Es klingt in der Tat ziemlich theologisch! Luther fand also, dass Gott sich verbirgt. Vor uns.

M. Ich glaube ja. Übrigens nicht nur er: Die Israeliten des Alten Testaments hatten den gleichen Eindruck.

F. Sie meinten vielleicht nur, dass man ihn nicht sehen kann.

M. Nein, soweit ich weiss, meinten sie, dass Gott nicht automatisch dafür gesorgt hat, dass sie gewinnen. Oder auch nur überleben. Auch wenn sie gebetet hatten.

F. Vielleicht waren sie nicht immer die Guten?

M. Die Guten! Du gute Güte, die Bibel ist ja kein Western. Und Gott auch nicht John Wayne!

F. Das habe ich auch nicht behauptet. Aber er könnte doch trotzdem die Bösen zur Hölle schicken. Er ist ja allmächtig.

M. Sie haben trotzdem an ihn geglaubt. Auch wenn er ihnen nicht in jeder Situation geholfen hat. Sie hatten einfach Vertrauen. Er war ja ihr Gott, und sie sein Volk. Die anderen hatten andere Götter.

F. Vielleicht verliert Gott ab und zu im Kampf gegen das Böse? Wenn zum Beispiel der Teufel seinen Plan zunichte macht?

M. Jetzt machst du es dir zu leicht. Wenn Gott einmal nicht zu sehen ist, kommt der Teufel auf die Bühne? Wie im Kasperletheater?

F. Naja, dann erklär du mir, warum Gott sich nicht durchsetzt.

M. Das ist es ja eben: Man weiss es nicht. Deus absconditus – das ist eine uralte Erfahrung. Es ist nicht so, dass Gott nicht kann. Schon eher, dass er nicht will.

F. Und warum nicht? Aus moralischen Gründen? Zur Strafe? Für schlechtes Benehmen? Für mangelnde Anerkennung? Zu oberflächlich gebetet? Zu mickrige Opfer?

M. Dass Gott kleinlich wäre, hat wohl nie jemand behauptet.

F. Aber man sagt doch: Kleine Sünden straft der liebe Gott sofort.

M. Und grosse in neun Monaten, ja klar. Das ist ein Witz! Eine Redensart. Ein dummer Spruch. Jeder weiss, dass das nicht zutrifft. Es ist halt nur einmal so, dass oft die Quittung auf dem Fusse folgt, wenn man eine Blödheit gemacht hat. Postwendend, wie man heutzutage immer noch sagt. Obwohl das keiner mehr versteht.

F. Wenn man Facebook hat, schon!

M. Haha.

F. Oder Whatsapp.

M. Unsinn. Wenn Gott nicht helfen will, findet man immer einen Grund dafür.

F. Oder die Kirche findet ihn. Und die Kirche hilft einem dann auch, es wieder gutzumachen.

M. Die eigene Blödheit?

F. Nein, ich meine, wenn man bei Gott in Ungnade gefallen ist. Um ihn wieder gnädig zu stimmen.

M. Und wie macht man das?

F. Ist doch ganz einfach: Mit einer guten Tat oder einer kleinen Spende oder einer etwas grösseren Spende. Je nachdem.

M. Jetzt liegst du aber völlig daneben. Das glaubt heutzutage nicht einmal mehr die katholische Kirche, geschweige denn der Papst.

F. Aber Opferstöcke gibt es noch. Und Klingelbeutel.

M. Das ist doch etwas ganz anderes! Damit wird Menschen geholfen, die in Not sind. Das ist nicht wie beim Trevibrunnen, wo man eine Münze hineinwirft, damit man wieder nach Rom zurückkehrt. Heidnisches Überbleibsel! Aberglaube!

F. Nein? Auch nicht ein kleines bisschen? Wenn Gott deine gute Tat sieht, dann …

M. Auf keinen Fall! Die Werke helfen nimmermehr, sie können nicht behüten.

F. Bach! – Ach nein, Brahms.

M. Deren Werke meine ich jetzt gerade nicht. Aber du hast in gewisser Weise nicht ganz unrecht. Manchmal kann es wirklich so scheinen, als handle Gott willkürlich. Als würde man manchmal bei ihm in Ungnade fallen. Als würde er einen fallen lassen.

F. Finde ich auch. Denk nur mal an die Geschichte von Kain und Abel!

M. Du willst doch nicht etwa sagen, Gott wäre es gewesen, der Abel umgebracht hat?

F. Nein, nein, das hat der Kain schon alleine getan. Ich meine den Grund, warum er es getan hat.

M. Das Opfer?

F. Genau. Warum gefiel Gott Abels Opfer und Kains nicht? Hatte er den falschen Beruf? Hatte er was gegen Bauern?

M. Du meinst wahrscheinlich, dass Gott die saftige Füllung lieber mochte als das trockene Fladenbrot.

F. Nein, im Ernst. Warum hatte der Gott der Israeliten Abel lieber als Kain? So war es doch. Das haben doch bestimmt nicht die jüdischen Theologen erfunden, die das Alte Testament geschrieben haben, denn die stammten doch alle selber von Kain ab!

M. Ich dachte, Gott hätte das Alte Testament geschrieben.

F. Haha. Die Bibel das Wort Gottes. Das ist auch so etwas, was vermutlich selbst Theologen heutzutage nicht mehr sagen würden.

M. Zugegeben. Zumindest erklären sie heutzutage vieles historisch.

F. Also: Was hatte Gott gegen Kain? Andererseits – allwissend wie er ist, hätte er ja vorhersehen können, was Kain mit Abel anstellen wird, wenn er Abel so bevorzugt.

M. Du meinst, er hat Abel ins Messer laufen lassen, weil er in Wirklichkeit Kain überleben lassen wollte?

F. Vielleicht mochte er sie auch beide nicht.

M. My God! cried the atheistic cobbler, and there's the hammer he did it with! Das muss die Lösung sein.

F. Vielleicht wollte er seinen Liebling Abel davor bewahren, selber irgendwann zum Mörder zu werden.

M. Oder es war einfach Zufall. Kain hat das mit dem Opfer nur falsch verstanden. In Wirklichkeit war Gott sein Opfer genauso lieb. Oder unlieb.

F. Zufall? Der liebe Gott würfelt nicht, sagt Einstein.

M. Manchmal hat man aber den Eindruck.

F. Vielleicht ist Gott ja sowieso eine Täuschung, und Kain hat es nur nicht bemerkt. So entstehen Weltreligionen.

M. So gesehen hast du vielleicht recht. Wenn es ihn nicht gibt, dann kann er auch nicht würfeln. Dann wäre es doch Zufall gewesen.

F. Andererseits hat Gott hinterher mit Kain geredet. Und mit Adam vorher auch.

M. Sagt die Bibel.

F. So kommen wir nicht weiter. Wenn es Gott gar nicht gibt, dann erledigt sich die ganze Frage.

M. Welche Frage?

F. Was fehlt, wenn Gott fehlt. Was es nicht gibt, kann auch nicht fehlen.

M. Aber es gibt ihn ja.

F. So. Bist du sicher? Hast du ihn etwa gesehen?

M. Das Gleiche haben die Sowjets Gagarin gefragt, als er von seinem ersten Weltraumflug zurückgekehrt ist.

F. Und? Hatte er ihn gesehen?

M. Nein. Natürlich nicht. Und wenn er ja gesagt hätte, hätten sie es nicht in die Prawda gesetzt.

F. Keine Angst, ich poste es auch nicht im Netz. Es wäre ja sowieso kein Beweis.

M. Gottesbeweise sind immer so eine Sache.

F. Sagt das der Theologe in dir?

M. Nein, der Philosoph.

F. Das ist dasselbe. Nur ohne Gott.

M. Dann weisst du ja schon eine Sache, die fehlen würde. Die Theologie.

F. Haha. Nein, mal ernsthaft: Die Frage, ob es Gott überhaupt gibt, ist schwer zu entscheiden.

M. Ich finde nicht.

F. Wieso nicht?

M. Wenn es Leute gibt, die an einen Gott glauben, dann gibt es ihn auch.

F. An was man glaubt, das gibt es auch? Meinst du das ernsthaft?

M. So natürlich nicht. Wenn du an den Mann im Mond glaubst, dann gibt es den Mann im Mond dadurch nicht wirklich.

F. Und wenn ich nicht an die Landung auf dem Mond glaube, dann gab es sie auch nicht?

M. Fang jetzt nicht damit an! Das ist eine Verschwörungstheorie. Ein vernünftiger Mensch kann daran nicht glauben.

F. Verschwörung hin oder her – wer sich das mit wem zusammen ausgedacht hat, ist mir egal. Ich glaube nur nicht, dass es damals möglich war. Es gab ja noch gar keine richtigen Computer. Der kleinste Fehler, und hopps! Das war es dann. Denk nur an das Unglück mit der Challenger.

M. Das war kein Rechenfehler, wenn ich mich recht erinnere.

F. Ich will ja auch nur sagen: Es gibt Leute, die nicht daran glauben. Ich meine, die daran glauben, dass sie nicht stattgefunden hat. Davon ist es natürlich noch nicht wahr. Aber: Wieso gibt es Gott, wenn Leute an ihn glauben? Ist das nicht genauso absurd?

M. Das ist doch ein Riesenunterschied. Die Mondlandungsskeptiker wollen daran glauben, dass es etwas *nicht* gab. Sie wollen etwas, das in der Welt schon vorhanden ist, wieder weg-glauben. Ausradieren. Das ist viel schwieriger, als etwas durch Glauben ins Leben zu rufen, das es vorher nicht gab.

F. Das verwirrt mich jetzt etwas.

M. Wieso?

F. Du willst sagen, Gott gibt es, weil er entsteht, wenn man an ihn glaubt?

M. Ja. Das heisst, nein – das ist noch nicht alles.

F. Was fehlt denn noch?

M. Es fehlt, dass mehrere Leute das Gleiche glauben. Einer allein reicht nicht.

F. Oder eine!

M. Meinetwegen, einer oder eine. Willst du jetzt eine Genderdebatte anzetteln?

F. Nein, okay. Oder doch. Nein, eigentlich interessiert mich jetzt mehr die Gottesdebatte. Egal ob Gott oder Göttin. Siehst du, jetzt hast du es. Alles nur deshalb, weil du immer so viel Zeitung liest.

M. Zeitschrift!

F. Von mir aus. Publikationsplattform. Zentralorgan der KPdSU?

M. Was ist Wahrheit?

F. Alter Hut.

M. Quod scripsi –

F. Genauso alt.

M. Wo waren wir stehen geblieben?

F. Bei Gott, bei Gott!

M. Richtig. Was ich sagen wollte: Wenn wir annehmen, dass es überhaupt Dinge geben kann, die man nicht sieht. Niemals sieht. Niemals sehen kann. Jedenfalls nicht, solange man hier auf der Erde lebt. Also real. Nicht in einer Vision. Mein Gott, wird das gleich wieder kompliziert! Sind wir uns da einig?

F. Ja. Was ist denn, wenn wir das annehmen – geht dein Satz noch weiter?

M. Nein. Ja. Darauf kommt es eigentlich gar nicht an. Was ich sagen wollte, war –

F. Ja?

M. Egal, ob es Gott real gibt – was auch immer das heisst, objektiv, wirklich, in echt – es gibt ihn schon deswegen, weil mehrere Leute zusammen an ihn glauben. Dann gibt es ihn als Konzept.
Das Konzept Gott.

F. Verstehe. Dann kann er gar nicht fehlen.
Das Konzept verschwindet ja nicht einfach.

M. Nein, nicht einmal, wenn man nicht an ihn glaubt. Er bleibt. Es bleibt.

F. Genauso, wie das Konzept Mondlandung nicht verschwindet. Selbst wenn keiner mehr glaubt, dass es sie wirklich gab. Real, objektiv, in echt.

M. Jetzt weiss ich wieder, was ich sagen wollte. Reden wir einfach nicht darüber, ob es Gott wirklich gibt. Das weiss kein Mensch. Das kann keiner wissen. Also jedenfalls nicht hier auf Erden. Nur glauben.

F. Ja, und?

M. Blenden wir diese Frage einfach aus. Wir lassen sie unbeantwortet.

F. Gut. Was dann?

M. Egal wie es sich damit objektiv verhält: Das Konzept Gott existiert. Reden wir einfach davon.

F. Das tue ich schon die ganze Zeit.

M. Ja, aber man muss es sich auch bewusst machen. Ganz neutral.

F. Mache ich. Ganz neutral. Ganz unideologisch. Ganz untheologisch.

M. Gut. Und jetzt kommt der Punkt: Wozu braucht der Mensch das Konzept Gott?

F. Das ist der Punkt? Der die Frage beantwortet?

M. Die Frage, was fehlt, wenn Gott fehlt? Ich glaube, ja.

F. Da bin ich aber gespannt.

M. Siehst du nicht das Paradox?

F. Noch nicht.

M. Das Konzept Gott gibt es nur, wenn mehrere Leute daran glauben. Eine ganze Gruppe. Meinetwegen die Israeliten. Meinetwegen auch die Rastafaris. Bei denen weiss ich nur leider nicht so genau, woran sie glauben. Nehmen wir die alten Ägypter. Die sind so ziemlich die älteste Kultur, die wir kennen. Und an Gott glaubten.

F. An Götter. Götter und Göttinnen. Und Tiere. Tiergötter. Falken. Katzen. Die haben wunderbare Katzenskulpturen gemacht. Total elegant.

M. Ja. Das sind reale Gegenstände. Und warum brauchten sie die?

F. Warum braucht man Skulpturen? Für die Ästhetik, würde ich sagen. Damit es schön aussieht.

M. Ja, genau. Damit man etwas Schönes damit verbinden kann. Mit etwas, was nicht da ist. Was fehlt.

F. Der Gott. Die Göttin. Die Katze an sich.

M. Da hast du das Paradox. Die Leute machen sich ein Konzept, das Konzept Gott. Warum? Weil ihnen etwas fehlt. Und dann stellen sie fest, dass sie zwar das Konzept haben. Aber das, was in dem Konzept enthalten ist, ist nicht da. Nicht sichtbar. Nicht berührbar. Man kann es nichts fragen.

F. Doch, kann man schon. Man bekommt nur keine Antwort.

M. Eben. Gott fehlt. Obwohl er da ist. Zumindest als Konzept ist er da. Also macht man sich ein reales Abbild. Eine Katze aus Stein. Aus Speckstein. Als Handschmeichler.

F. Weil viele Leute mit einem Konzept alleine nichts anfangen können. Sie brauchen etwas zum Anfassen. Oder wenigstens zum Anschauen.

M. Stimmt. Aber es gab auch immer Leute, die fanden das albern. Mit Puppen spielen, nannten sie das. Sie wollten das reine Konzept. Unberührt von den Mängeln des Diesseits.

F. Kann man auch wieder verstehen.

M. Einige haben die Götter nicht als Menschen oder Tiere dargestellt, sondern ohne besondere Form. Als Stein. Als Obelisk. Ich habe mal einen antiken Tempel gesehen, der stand voll mit kleinen Obelisken.

F. Das ist, wie wenn man den Film sieht zu einem Buch, das man gelesen hat. Ein Bild schränkt die Phantasie ein. Man möchte sich seine eigene Vorstellung machen.

M. Oder sie haben einfach einen leeren Thron aufgestellt.

F. Damit sich Gott darauf setzt, wenn man nicht hinschaut?

M. Oder damit man sich besser vorstellen kann, wie er dort sitzt.

F. Aber sehen konnte man ihn trotzdem nicht.

M. Die Israeliten haben sogar verboten, Bilder von Gott herzustellen. Die Moslems auch. Und selbst im Christentum gab und gibt es Richtungen, die auf Bilder verzichten.

F. Trotzdem gab es in Jerusalem einen Tempel. Also ein Haus für Gott. Das heisst, man hat ihn sich schon menschenähnlich vorgestellt, oder?

M. Ich nehme es an. Danach musst du die Religionswissenschaftler fragen. Jedenfalls: Wie man es auch dreht und wendet, Gott fehlt.

F. Da sind die Christen besser dran. Bei ihnen ist Gott sichtbar. In Menschengestalt. Zum Anfassen. Zumindest war er es eine Zeit lang. Als Jesus lebte. Wenn er überhaupt lebte.

M. Dazu will ich mich nicht äussern. Ein heikles Thema. Auch wenn vieles dafür spricht, dass Jesus tatsächlich gelebt hat.

F. Geschenkt. Kann gut möglich sein. Aber dass er wirklich Gott war –

M. Noch heikler. Sohn Gottes. Für die Griechen kein Problem, aber für die Juden.

F. Kann ich mir vorstellen.

M. Wenn man es unvoreingenommen betrachtet, ist es ziemlich unwahrscheinlich, dass jemand zu seinen Lebzeiten geglaubt hat, er sei Gott. Oder gar Teil der Dreifaltigkeit. Das hat die Theologie aus ihm gemacht.

F. Und er selber?

M. Schwer zu sagen. Wenn er heute auftreten würde, bekäme er vermutlich Predigtverbot. Als Häretiker. Früher hätte man ihn vielleicht verbrannt. Später verlacht.

F. Früher oder später.

M. Als Narr oder Menschheitsretter.

F. Aber sicher weiss man nicht, was er selber darüber gedacht hat?

M. Nein.

F. Nur Dostojewski wusste es.

M. Der auch nicht. Bei ihm sagt Jesus kein Wort. Besser gesagt, bei dem Grossinquisitor. Er küsst ihn nur.

F. Gott fehlt also auch dort. Genial.

M. Kann man so sagen. Aber jetzt sind wir ziemlich weit abgeschweift.

F. Wovon?

M. Von der Frage. Der Frage, die die Frage beantwortet. Die Preisfrage.

F. Hilf mir auf die Sprünge. Ich komme nicht darauf. Sag sie nochmal.

M. Wozu braucht der Mensch das Konzept Gott.

F. Das klingt jetzt allerdings ein bisschen platt. Wie dieser alte Witz: Männer! Warum soll der Soldat die Kaserne nicht eigenmächtig verlassen? – Ganz recht, Herr Leutnant, warum soll er nicht?

M. Solche Witze kennst du?

F. Da kannst du mal sehen! – Du meinst die Frage also nicht rhetorisch.

M. Nein, ganz wörtlich. Warum macht sich der Mensch das Konzept Gott? Wozu braucht er es überhaupt?

F. Und diese Frage beantwortet die Preisfrage?

M. Nicht direkt. Die Antwort darauf führt zu der Antwort auf die Preisfrage.

F. Aha.

M. Ja. Ganz sicher bin ich mir natürlich auch nicht. Aber ich habe es im Gefühl.

F. Dann sag mir also: Wozu braucht der Mensch das Konzept Gott? Deiner Meinung nach.

M. Wir haben es schon kurz angesprochen. Wegen des Zufalls.

F. Des Zufalls? Du meinst Kain und Abel?

M. Ja. Vielleicht war es einfach Zufall. Der Rauch von Abels Opfer stieg senkrecht in die Höhe, bei Kain kam ein Wind auf und drückte den Rauch auf den Erdboden.

F. Daran konnte man sehen, ob Gott das Opfer gefiel?

M. Vielleicht war es auch etwas anderes, ich war ja nicht dabei. Wichtig ist, dass beide nicht daran glaubten, dass es Zufall war. Sie hatten beide das gleiche Konzept von Gott. Abel und Kain. Das Konzept Gott funktioniert nur, wenn viele es gemeinsam haben. Am besten alle.

F. Eins verstehe ich daran nicht. Warum brauchten sie dafür das Konzept Gott? Sie hätten doch einfach sagen können: Das mit dem Rauch war ein dummer Zufall – was solls. Wäre das nicht besser gewesen für beide?

M. Schon. Aber sie brauchten das Konzept Gott, weil sie das Konzept Zufall nicht hatten. Nicht haben wollten.

F. Das musst du mir näher erklären.

M. Verstehe. Warum opferten Kain und Abel denn überhaupt etwas?

F. Vielleicht um Gott dafür zu danken? Für einen besonders reichen Ertrag?

M. Siehst du, das denke ich auch. Und vielleicht auch, um ihn günstig zu stimmen. Für das nächste Mal.

F. Ich verstehe. Sie schrieben das, was sie vielleicht durch Zufall gewonnen hatten, dem Eingreifen Gottes zu. Nicht dem Zufall.

M. Genau. Ihr Anliegen, ihr Bedürfnis war, den Zufall zu beherrschen.

F. Dafür brauchten sie Gott.

M. Weil sie nicht wussten, nach welchen Gesetzmässigkeiten die Natur arbeitet. Die Wolken. Das Wetter.

F. Der Wind.

M. Genau. Wenn sie davon überzeugt waren, dass Gott ihnen den Ertrag beschert hatte, dann mussten sie auch glauben, dass es Gott war, der den Rauch beeinflusste. Wenn etwas nicht nach leicht zu erkennenden Regeln abläuft, dann steckt Willkür dahinter. Wo Willkür ist, ist auch ein Wille.

F. Eine Person. Gott.

M. Richtig. Eine Person, die man günstig stimmen muss, damit sie einem auch in Zukunft gnädig ist. Durch Gaben. Geschenke. Opfer.

F. Ich verstehe. Aber das heisst doch, Gott ist anwesend. Zumindest war er es für Abel und Kain. Er fehlte nicht – jedenfalls nicht in ihrem Weltbild.

M. Ja und nein. So einfach ist es nicht. Gott ist nicht so leicht zu beeinflussen. Das müssen die Menschen bald bemerkt haben. Gott ist nicht beherrschbar. Man versteht nicht, nach welchen Regeln er seine Gnade verteilt. Heute trifft es diesen, morgen jenen.

F. Wir würden heute sagen: Die Natur ist nicht beherrschbar. Zumindest nicht leicht.

M. Ja. Aber wir versuchen, ihre Gesetze und Regeln herauszufinden. Mit Hilfe der Wissenschaft. Der Naturwissenschaft.

F. Und so ähnlich war es damals sicherlich auch. Nur hatte man all die modernen Methoden und Verfahren nicht. Und die Messinstrumente.

M. Ganz genau. – Nein, ganz ungenau. Aber die Motivation war die gleiche: den Zufall beherrschen, indem man die Gesetzmässigkeiten der Natur versteht.

F. Beim Wetter ist das allerdings noch heute schwierig.

M. Stimmt. Wenn es einen Inbegriff der Unvorhersehbarkeit gibt, dann ist es das Wetter.

F. Und Erdbeben. Vulkanausbrüche. Tsunamis.

M. Das alles wurde früher den Göttern zugeschrieben. Poseidon, dem Erderschütterer.

F. Aber alle diese unberechenbaren Katastrophen sprechen doch eigentlich dagegen, dass ein Gott dahintersteckt, der das alles bewirkt. Der die Menschen liebt.

M. Ja. Deswegen hat man mehrere Gott-Konzepte gemacht. Die miteinander im Streit liegen. Die sich bekämpfen. Genau wie die Menschen selber.

F. Der Mensch hat Gott nach seinem Ebenbild erschaffen. Das habe ich auch schon mal gehört.

M. Gut formuliert. Provokativ. Oder sagt man provokant?

F. Du glaubst es nicht?

M. Die Frage ist nicht, ob es wahr ist – sondern wenn ja, warum!

F. Ausserdem verlagert man das Problem. Von der Erde in den Himmel.

M. Inwiefern?

F. Naja, wenn die Götter gegeneinander streiten, dann hat man doch die gleiche Frage: Warum setzt sich mal der eine durch, warum der andere? Wie kann man den einen Gott dazu bewegen, sich zu engagieren, und den anderen, sich ruhig zu verhalten? Das ist doch genauso undurchschaubar wie das Wetter.

M. Stimmt. Der Mensch denkt immer in Analogien. Wenn man das eigene Chaos in den Himmel verlagert, hat man nur etwas nachgebildet. Nichts verstanden.

F. Wie ein Kind, das einen Sandkuchen bäckt, allerdings im Sandkasten.

M. Du findest immer so schöne Vergleiche.

F. Du und deine Schmeicheleien! Muss ich ja wohl, wenn ich einen Preis gewinnen will.

M. Das kannst du leider genauso wenig beeinflussen wie das Wetter.

F. Man muss halt die Regeln kennen.

M. Jetzt bist du wieder auf dem richtigen Gleis. Wie kann man die Regeln denn kennenlernen? Und wo? In der Natur?

F. Die für das Wetter? Ich weiss nicht. Erfahrung? Bauernregeln? Hundertjähriger Kalender?

M. Nein, das meine ich nicht. Wo ist denn die Natur am regelmässigsten?

F. Ebbe und Flut?

M. Damit kommen wir der Sache schon näher.

F. Der Mond?

M. Warm.

F. Die Sonne?

M. Wärmer.

F. Die Sterne! Das Weltall. Der Kosmos.

M. Du hast es. Im Grunde alles zusammen. Was gibt es Regelmässigeres auf der Welt als den Lauf der Himmelskörper: Sonne, Mond, die Planeten?

F. Lass mich kurz nachdenken. – Vielleicht wirklich nichts. Ein riesiges Uhrwerk.

M. Dass sich auch die Fixsterne bewegen, konnte man noch nicht feststellen. Dass es Galaxien gibt. Schwarze Löcher. Dunkle Materie. Damals, als die Menschen zum ersten Mal das Konzept Gott entwickelten.

F. Und wie sollten sie das Uhrwerk verstehen?

M. Das ist die Frage. Was würdest du tun?

F. Wahrscheinlich genau das Gleiche, was die Menschen heute immer noch tun. Die Naturwissenschaftler. Die Forscher. Beobachten. Messen. Vergleichen.

M. Und was noch?

F. Fehlt noch etwas?

M. Ich meine ja. Das Wichtigste.

F. Ich komme nicht darauf. Messinstrumente? Teleskope? Raumstationen? Das alles hatten sie damals nicht. Die Uhr auseinandernehmen? Geht nicht. Zu gross.

M. Ich meine auch etwas viel Einfacheres: Aufschreiben. Nicht nur sich etwas merken, im Kopf.

F. Das versteht sich doch von selbst.

M. Wirklich? Ich weiss nicht genau, wann die Menschen zum ersten Mal so etwas wie Schrift erfunden haben.

F. Ach so. Über den Zusammenhang habe ich noch nie nachgedacht. Bisher dachte ich, die Schrift wurde erfunden, um Handel zu treiben. Von den Phöniziern, oder so. Zum Rechnungen schreiben. Bestellungen aufnehmen. Verträge machen, und so weiter. Ohne Buchstaben keine Buchführung. Ohne Zahlen keine Zahlung.

M. Was ich sagen will: Auch wenn der Lauf der Gestirne anscheinend nach festen, unabänderlichen Gesetzen vor sich geht …

F. Den Naturgesetzen.

M. … ist es doch ungeheuer kompliziert, diese zu verstehen. Und bevor man überhaupt anfangen kann, das Warum verstehen zu wollen, warum sie sich bewegen, und welche Folgen das hat, muss man erst einmal das Wie feststellen. In welcher Weise sich der Himmel bewegt.

F. Und das dauert.

M. Allein der Planet Saturn braucht dreissig Jahre, um nur einen einzigen Umlauf um die Sonne zu machen.

F. Beziehungsweise um die Erde.

M. Ja, zumindest scheinbar. Relativ gesehen. Sagen wir einfach: Um die Himmelskugel. Das braucht Generationen, bis man nur die Umlaufzeit einigermassen sicher festgestellt hat.

F. Aber das ist ja auch der kleinste Zeiger der Uhr. Bei den grossen geht es schneller. Am schnellsten beim Mond.

M. Das stimmt. Noch schneller dreht sich die Erde selbst. Also scheinbar die ganze Himmelskugel. Aber auch da stösst man sofort auf Komplikationen. Der Mond braucht ungefähr die gleiche Zeit wie achtundzwanzig Erdumdrehungen, also Tage. Einen Monat. Aber leider nur fast. Es passt nicht.

F. Bei der Erde selber ja auch nicht. Das Jahr hat mehr als 365 und weniger als 366 Tage.

M. Darum gibt es die Schaltjahre. Und der Mond passt auch nicht ins Jahr. Zwölf Mondmonate ergeben nur 330 Tage. Nicht diese neumodischen Monate, die es erst seit den alten Römern gibt. Julius, Augustus und so weiter. Mondmonate. Die einzigen echten. Von einfach und harmonisch und göttlich keine Spur. Alles total ungenau.

F. Du übrigens auch. Es sind 338 Tage.

M. Oh – well spotted! Aber auch wieder nur ungefähr. Und dann hängt es davon ab, wie man misst. Von Vollmond zu Vollmond, also im Verhältnis zur Erde, oder im Verhältnis zu den Sternen. Synodisch oder siderisch.

F. Mir schwirrt der Kopf.

M. Kein Wunder. Und darum brauchten die Menschen die Schrift, wenn sie Astronomie studieren wollten. Einmal weil es so kompliziert ist. Und dann, weil es so lange dauert. Generationen. Ausserdem brauchten die Menschen Messinstrumente, die nicht verloren gehen. Die immer das Gleiche messen, damit man die neuen Messergebnisse mit den alten vergleichen kann. Die sich nie verstellen. Auch morgen nicht. Auch nächsten Monat nicht. Auch in hundert Jahren nicht. Auch nicht durch Naturkatastrophen. Überflutungen. Erdbeben.

F. Solche Messgeräte gibt es doch nicht einmal heutzutage.

M. Aber damals hat man versucht, sie herzustellen.

F. Ernsthaft? Woher weisst du das? Warst du dabei?

M. Ich weiss es, weil es sie heute noch gibt. Soviel zum Thema nachhaltige Forschung.

F. Ich weiss leider immer noch nicht, was für Geräte du meinst.

M. Keine Geräte. Bauwerke. Denk an das Pantheon in Rom. Die Pyramiden. Stonehenge. Alle sind astronomisch ausgerichtet. Auf die Sonne. Auf die vier Himmelsrichtungen. Frag mich nicht. Und alle sind für die Ewigkeit gebaut. Damit sie sich nicht verstellen.

F. Ach so meinst du das. Ja, dazu gibt es eine Menge abstruser Theorien, habe ich gehört.

M. Da hast du sicherlich richtig gehört. Und da liegt genau das Problem. Wir wissen nicht mehr, wie man die Instrumente handhabt. Uns fehlt die Bedienungsanleitung. Die Logbücher mit den Beobachtungen. Die Forschungsergebnisse.

F. Die Software zur Hardware. Die Programme, die darauf laufen. Die Kalender-App.

M. Sozusagen. Es wurde vergessen, dringende Firmware-Updates einzuspielen. Man sieht, du bist ein Kind unserer Zeit. Aber du hast völlig recht. Vor allem fehlen uns diejenigen, die sich damit auskennen. Uns fehlt das, was sie uns mitzuteilen hätten. Ihre Notizen. Alles weg.

F. Das heisst, man braucht nicht nur Messgeräte, Apparaturen, Observatorien. Man braucht auch Menschen, die wissen, wie es geht.

M. Richtig. Und die es der nächsten Generation erklären. Lehrer. Bauern haben dafür keine Zeit. Hirten keine Ruhe. Und beide konnten damals in der Regel nicht lesen oder schreiben.

F. Man brauchte also Menschen, die nichts anderes taten, als den Himmel zu erforschen.

M. Zu beobachten. Aufzuschreiben. Weiterzugeben.

F. Das heisst, wenn eine Zivilisation verstehen will, wie die Weltuhr tickt, braucht sie Spezialisten.

M. Absolut. Sternkundige. Astronomen. Astrologen. Nur so hat sie überhaupt eine Chance, ein Gott-Konzept aufzustellen, das irgendetwas Verlässliches bringt. Anhand dessen man irgendwann erkennen kann, was der Sinn des Ganzen ist.

F. Die Zivilisation braucht Gott-Gelehrte.

M. Richtig.

F. Priester.

M. Richtig.

F. Um Vorhersagen zu machen. Um den Zufall auszuschalten. Wenigstens ein bisschen.

M. Richtig. Propheten.

F. So habe ich es noch nicht gesehen.

M. Man kann die Natur natürlich auch auf andere Weise beobachten. Aus der Nähe. Denk an die Druiden. Weisen Frauen. Medizinmänner. Aber das Gesetzmässigste, was der Mensch in der Natur finden kann, ist die Himmelsmechanik. Oder fällt dir etwas noch Präziseres ein?

F. Kann man gesetzmässig überhaupt steigern?

M. Haha. Nein. Im Deutschen jedenfalls nicht. Vielleicht im Ägyptischen.

F. Ich sehe, was du meinst. Ohne Naturbeobachtung kein Gott-Konzept.

M. Genau. Und wenn man die Himmelsbeobachtung ernst nimmt, dann sieht man auch bald, wieso es im Grunde nur ein einziges Gott-Konzept geben kann. Nicht mehrere.

F. Aber die Himmelskörper entsprechen doch verschiedenen Göttern. Venus, Mars, Jupiter und so weiter.

M. Das stimmt zwar. Aber sie beeinflussen sich gegenseitig nicht. Jedenfalls nicht so, dass man es mit den damaligen Methoden hätte messen können.

F. Da hast du wahrscheinlich recht. – Man kann sich aber vorstellen, dass die Planeten unterschiedliche Dinge auf der Erde beeinflussen. Das sagen die Horoskopmacher noch heute.

M. Ja. Aber die Planeten streiten nicht miteinander. Beziehungsweise gegeneinander. Es hilft nichts, dem Saturn zu opfern, um dem Mars eins auszuwischen. Davon bewegt sich der Saturn nicht schneller und der Mars nicht langsamer.

F. Worauf willst du hinaus?

M. Das Ganze hängt zusammen. Der Himmel ist ein grosses Ganzes. Er ist zwar kompliziert, sogar komplizierter als die astronomischen Uhren, die ihn nachbilden, aber kein chaotisches Durcheinander.

F. Und das bedeutet, dass es im Grunde nur ein einziges Gott-Konzept geben kann. Wenn man sich den Himmel anschaut. Genau genug anschaut. Auch wenn man das Prinzip nicht versteht.

M. Richtig. Eine Zivilisation, die Astronomie betreibt, gelangt folgerichtig zum Monotheismus.

F. Wow. Ein echter Gedanke. Schnell und effizient.

M. Natürlich ging das nicht immer ganz reibungslos vonstatten. Logisch war die Menschheit noch nie. Erst recht nicht konsequent. Und schon gar nicht effizient.

F. Ich weiss zwar nicht, ob die Religionswissenschaft das genauso sieht. Aber in einem Punkt hast du sicherlich recht.

M. In einem nur? Wie enttäuschend.

F. Dafür in einem grundlegenden.

M. Gott sei Dank.

F. Wer den Himmel anschaut, kann nicht mehr so recht an den Zufall glauben.

M. Nein. Die Himmelsmechanik ist berechenbar. Man kann sogar Sonnen- und Mondfinsternisse vorhersagen. Das konnten schon die alten Babylonier.

F. Das muss auf das einfache Volk einen ungeheuren Eindruck gemacht haben. Aber was ist mit Sternschnuppen? Kometen? Supernovae?

M. Mit denen tun wir uns ja heute noch schwer. Sie im Voraus zu berechnen. Kein Wunder, dass man sie früher als Unglücksboten angesehen hat.

F. Ausser dem Stern von Bethlehem. Der nicht.

M. Manche sagen ja, das war der Halleysche Komet. Von dem können die drei Weisen aus dem Morgenland eventuell gewusst haben, dass er regelmässig wiederkommt. Und wenn ein Komet wiederkommt, dann die anderen wahrscheinlich auch.

F. Gut, dass wir das geklärt haben. Gut für deine Hypothese.

M. Danke. Aber siehst du auch, was das alles mit unserer Frage zu tun hat?

F. Nicht so ganz.

M. Wir haben gesagt, es geht nicht ohne Spezialisten. Ohne Priester. Ohne Eingeweihte.

F. Richtig. Die Zivilisation braucht jemanden, der sich um das Gott-Konzept kümmert. Für alle anderen mit.

M. Genau. Sie muss Menschen damit beauftragen, sich ausschliesslich damit zu beschäftigen. Am besten die Klügsten. Sie muss sie ernähren. Unterstützen. Schützen. Damit sie nicht abgelenkt werden von ihrer Wissenschaft.

F. Von ihrer Theologie.

M. Meinetwegen nenn es so.

F. Aber es ist ein Risiko dabei.

M. Richtig. Und nicht nur eines.

F. Es bildet sich eine Gemeinschaft der Eingeweihten. Eine Priesterkaste. Eine Kirche.

M. Wie auch immer man diese Gruppe von Menschen nennen will. Das Problem dabei ist, dass sie Privilegien braucht. Dass sie sich mit den Machthabern gut stellen muss, um die Privilegien zu behalten. Dass sie Insiderwissen hat, das andere nicht haben.

F. Dadurch macht die Gruppe sich unentbehrlich. Auch bei Herrschern und Königen. Aber nicht nur bei denen. Bei allen, die Beratung brauchen im Hinblick auf Gott.

M. Und das ist das Risiko. Wie leicht schleicht sich Korruption ein. Pseudowissenschaft. Scharlatanerie.

F. Dagegen kann man sicherlich etwas unternehmen. Vertrauen ist gut, Kontrolle ist besser. Am gefährlichsten ist etwas anderes: die Verbindung mit den Regierenden.

M. Du sagst es. Es braucht nicht viel, und man ist bei der Zwei-Schwerter-Lehre. Beim Sonnenkönig. Beim Gottesstaat.

F. Jetzt sehe ich auch den Zusammenhang mit unserer Frage.

M. Wirklich? Erzähl.

F. Wenn es eine solche Expertengruppe gibt, dann kann sich der einzelne Mensch nicht mehr ohne weiteres mit Gott beschäftigen. Er muss sich an die Spezialisten wenden. An die Priester. An die Theologen.

M. Stimmt. Einfach den Rauch des Opferfeuers beobachten, das geht nicht mehr. Er wüsste ja nicht, ob er die Naturerscheinungen richtig deutet. Er muss die Fachleute danach fragen, was Gott will.

F. Am besten unternimmt er überhaupt nichts allein in Sachen Gott, sondern geht gleich zum Tempel. Zur Kirche. Zur Moschee.

M. Ich verstehe, was du sagen willst. Gott wird ihm entzogen. Gott wird ihm vorenthalten. Er entfremdet sich von Gott.

F. Wenn der Mensch Gott auf eigene Faust suchen will, macht er den Fachleuten Konkurrenz. Wenn er sich sein persönliches Konzept macht, stellt er die

Theologie infrage. Das kann die Amtskirche sich nicht bieten lassen. Er wird zum Häretiker erklärt.

M. Wie Martin Luther.

F. Und spaltet die Kirche. Und gründet eine neue. Oder er kriecht zu Kreuze.

M. Oder nicht. Wie Giordano Bruno.

F. Aber es geht irgendwie nicht anders. Gott zu verstehen ist einfach zu schwierig. Und wenn man ihn nicht versteht, tappt man ganz leicht in die Falle des Aberglaubens. Der Amulette. Der Tabus.

M. Das Hufeisen über der Tür. Die sollen ja auch helfen, wenn man nicht an sie glaubt.

F. Noch so ein alter Witz.

M. Aber damit sind wir bei der Antwort auf unsere Frage angelangt.

F. Du meinst deine Frage. Die ja auch gar nicht deine Frage war. Jedenfalls bis jetzt nicht. Die du aus der Zeitung hast.

M. Zeitschrift!

F. Also gut. Dann sag mir also: Was fehlt, wenn Gott fehlt?

M. Nichts.

F. Nichts?

M. Nein, nichts. Er fehlt immer. Es ist der Normalzustand. Es geht nicht darum, ob es ihn wirklich gibt oder nicht. Wenn sich Menschen ein Konzept von Gott machen, dann entfernen sie sich von ihm. Das gehört dazu. Gott ist da, indem er nicht da ist.

F. Das wird die Leute von der Kirche aber nicht zufriedenstellen.

M. Kann sein. Aber vielleicht spüren sie es ja auch,

das Gefühl der Abwesenheit. Sonst hätten sie die Frage vielleicht gar nicht gestellt.

F. Das klingt aber irgendwie negativ. Herr Kästner, wo bleibt das Positive?

M. Weiss der liebe Gott, wo das bleibt. Der Teufel weiss es bestimmt nicht. Aber es gibt etwas Positives, das bleibt, wenn Gott fehlt.

F. Und das wäre?

M. Die Freiheit. Die bleibt, wenn Gott fehlt.

F. Klingt ein wenig zynisch.

M. Man müsste darüber nachdenken. Aber das war ja nicht die Aufgabe.

F. Draussen ist es dunkel geworden. Worauf warten wir?

M. Ja, schliess das Fenster. Wir sollten uns schlafen legen.

F. Du hast recht. Gehen wir.

Sie rühren sich nicht von der Stelle.

Autorinnen und Autoren

Heidi Berner, Dr. phil. nat., Jahrgang 1955, ist selbstständige Gewässerbiologin in Lenzburg.

Hedy Betschart, lic. iur., Jahrgang 1962, ist Geschäftsführerin des Fördervereins Nachbarschaftshilfe in Zürich.

Nicole Boller, Jahrgang 1982, ist stellvertretende Restaurantleitung der Stiftung Werkheim in Uster.

Ruedi Fink, Jahrgang 1949, war leitender Angestellter im Bildungs- und Sozialwesen der Stadt Bern. Seit seiner Pensionierung schreibt er vermehrt.

Hans Ulrich Hauenstein, Dr. theol., Jahrgang 1959, ist Pfarrer in der reformierten Kirche Muri Sins.

Samuel Clemens Hertzhaft, Jahrgang unbekannt, ist Sophist an der Universität des Lebens.

Eduard Kaeser, Jahrgang 1948, ist Physiker, Philosoph und Publizist.

Iris Macke, Jahrgang 1973, ist Redakteurin beim ökumenischen Verein Andere Zeiten e. V.

Georg Pfleiderer, Dr. theol., Jahrgang 1960, ist Professor für Systematische Theologie / Ethik an der Universität Basel.

Andreas Schertenleib, Jahrgang 1960, ist Theatermacher, freischaffend als Autor und Schauspieler.